Licht ist Erkenntnis

Darwin Gross

D1718398

Licht ist Erkenntnis

Copyright 1987 by Darwin Gross

ISBN #0-931689-08-2

Umschlagfoto: Ed Cooper

Printed in USA

Übersetzung aus dem Amerikanischen:

SOUNDS OF SOUL
Kontemplative Studien / Deutschland
Übersetzerteam

Herausgeber:

**Darwin Gross
PO Box 68290
Oak Grove, Oregon 97268, USA**

KONTEMPLATIVE STUDIEN
Asternweg 17
D-67346 Speyer

Inhalt

ATOME

Es gibt viele Atome in dieser Welt, bei weitem zu viele, um sie zu zählen. Wolltest Du auf ihnen dahinsegeln, würdest Du glauben, Du seist auf dem Ozean der Liebe und Güte. Jedes dieser Atome entscheidet sich zu sein, was es ist. Als sie auf der Erde waren, hatten sie den Wunsch, eins mit Gott zu sein. Sie wußten aber nicht, daß sie in einem riesigen Ozean ein Atom unter anderen Atomen sein würden.

Eins mit Gott zu sein, kann bedeuten, in einer ungeheuer großen Atomstruktur eines der Atome zu sein. Es ist die Kraft, die im Weltraum die Erde, wie auch alle anderen Planeten zusammenhält. Wir atmen jeden Tag eine riesige Menge Atome ein. Denke einfach an einen Vergaser, der Atome einsaugt, sie durch das Triebwerk jagt und über den Auspuff entläßt.

Darwin Gross

Vorwort

Ein spiritueller Riese kann nahezu genauso aussehen wie Du und ich, in alltäglicher Kleidung über diese Erde gehen, und es kann schwierig sein, ihn in einer Menschenmenge ausfindig zu machen, wenn Du einmal von seinen Augen und einer Gegenwärtigkeit absiehst, die man fühlt. Wie komme ich dazu, so etwas zu sagen? Weil ich die Gelegenheit gehabt habe, mit einem spirituellen Riesen, Sri Darwin Gross, einem Adept-Meister, um die Welt zu reisen.

Die physisch wahrnehmbaren Beispiele, die man dafür anführen kann, sind nur die Spitze des Eisberges, weil ein Adept-Meister die meiste Arbeit in seinen anderen Körpern ausführt. Mit anderen Worten, während Du dem Mann, der gerade seinen Tee trinkt, am Tisch gegenübersitzt, schreibt ein paar Tage später jemand und berichtet, er habe eine Heilung erhalten. Jemand anders indessen erzählt von einer Erfahrung während der Kontemplation, noch ein anderer von einer Erfahrung im Traumzustand wobei all das sich zur gleichen Zeit mit dem gleichen Mann zuträgt, der Dir am Tisch gegenübersitzt.

Es ist tatsächlich eine Ehre und ein Privileg, sich in unmittelbarer physischer Nähe eines Adept-Meisters aufhalten zu können. All Deine vorgefaßten Ansichten und Vorstellungen über Meister kommen täglich ins Wanken, wenn Darwin die wahre Bedeutung seiner drei L´s - Liebe, Leben und Lachen verständlich macht, in Wahrheit diese Prinzipien lebt und sie uns durch sein eigenes Beispiel lehrt.

Meine eigene persönliche Voreingenommenheit wurde schon Jahre zuvor erschüttert, als ich mich zum erstenmal zu einem Essen mit ihm hinsetzte und dachte: "Mein Gott, er ißt." Ich wußte nicht, daß Meister solche Dinge tun. Meine Vorstellung brach vollends zusammen, als ich ihm zusah, wie er mit Genuß einen Schokoladenpfannkuchen aß. Was seinen physischen Körper angeht, zieht er genauso seine Hosen an, wie wir anderen auch und erhebt sich niemals über jemand anderen. Kürzlich bezog er einigen Leuten gegenüber Stellung und widersprach Behauptungen, die mehrere Gerüchte betrafen. Diese Leute hatten gehört, Darwin stünde unter Drogen und Alkohol und sei von Sex abhängig. "Ich habe verordnete Medikamente genommen, zu deren Verschreibung der Arzt bevollmächtigt ist, und die im Zusammenhang stehen mit verschiedenen Operationen, denen ich mich unterzogen habe. Alkohol? Ich habe dann und wann ein Schnäpschen zu mir genommen. Sex? Ja, ich liebe ihn. Sex hat nichts mit jemandes spiritueller Entfaltung zu tun. Er ist eine Form der Kommunikation zwischen Liebenden und dient der Fortpflanzung."

Einmal, auf einem Flugplatz ließ Darwin seinen Blick über jemanden gleiten, der in unserer Nähe stand und erklärte dann, daß derjenige noch unter den Auswirkungen einer unglücklichen Kindheit litte und noch ein gerüttelt Maß Ärger darüber mit sich herumschleppe. Er machte außerdem die Bemerkung: "Urteile nicht! Es ist nicht an uns, über einen anderen Menschen, ein Tier oder eine Pflanze zu urteilen."

Während Darwin, wenn es sich um Wunder handelt, zurückhaltend ist, zieht er, wo es notwendig ist, den Vorhang gelegentlich für uns zur Seite. Einmal waren wir unterwegs zu einer Verabredung und fuhren, nach einem Parkplatz Ausschau haltend, herum. Darwin hielt plötzlich mitten im Satz inne und dirigierte mich zu einer Stelle, zwei Häuserblocks von dort entfernt, wo wir zuvor gesucht hatten. "Biege an der nächsten Straße links ab, und Du wirst ganz in der Nähe der Ecke einen Platz finden." Er fügte hinzu: "Manchmal hilft es allerdings, ein Meister zu sein; Du

"Manchmal hilft es allerdings, ein Meister zu sein; Du kannst um Ecken sehen." Und dann fuhr er mit seinem unterbrochenen Satz fort, als sei nichts geschehen. Ich fuhr um die Ecke und fand den Platz, so wie er es gesagt hatte.

Ein anderes Mal hatten wir gerade ein wunderbares Essen mit einem Priester beendet. Als wir das Restaurant verließen, machte der Priester eine Bemerkung über das herrliche Wetter der vergangenen paar Monate, daß aber mehr Regen not täte. Wir gingen weiter und unterhielten uns dabei, und als wir ungefähr 100 m gelaufen waren, begann es ziemlich heftig zu regnen. Ich konnte mich nicht länger zurückhalten und sprach es Darwin und dem Priester gegenüber aus. Darwin lächelte nur. Der verdutzte Priester zog nur seine regennassen Augenbrauen in die Höhe. Ich bin sicher, er hatte am nächsten Tag eine gute Geschichte zu erzählen.
P.S.: Es regnete gleich mehrere Tage lang.

Die Reisen mit Darwin haben die drei L's für mich zu einer Realität werden lassen. Liebe - man kann fühlen, wie die Liebe fließt, jedesmal, wenn sich mehrere Adept-Meister in demselben Raum zusammenfinden, wo Darwin seine öffentlichen Vorträge hält.

Leben - Darwin lebt immer im gegenwärtigen Augenblick und arbeitet mit dem, was zur Hand ist. Neulich, auf einer kurzen Reise, war ich ständig darüber verwundert, wie er solch herrliche Musik aus mehreren verschiedenen alten Sätzen von Vibraphonstäben erklingen lassen konnte, die wir für den Anlaß ausgeborgt hatten.

Lachen - einfach einer der Wege, wie Spirit Seine Gegenwart in den niederen Welten spürbar werden läßt. Es gibt kaum Begegnungen mit Darwin ohne diese bezaubernde Beigabe.

Aber vielleicht ist der Aspekt, der mich am meisten anrührt, Darwins ständige Bereitwilligkeit, seinen physischen Körper über Erschöpfung und Schmerz hinaus zu fordern, um eine Hand mehr zu schütteln oder einen zusätzlichen Schritt zu tun, damit er jemandem helfen kann. Es hat mich ein klein wenig von der Bedeutung hinter den Worten in Darwins Lied erkennen lassen: "Wie wenig nur wissen wenige über des Meisters ausgestreckte Hand..."

Bob Brant

Setze Dein
Ziel hoch an

Die wahre Zielsetzung des Meisters ist es, seine Lieben
zu jener Stufe auf dem Pfade zu führen, auf der sie das in
plötzlichem Erwachen begreifen können!

● **Du kannst in dem See von Nektar baden, der
alle Schuld und alle Sünden fortwäscht und
kannst rein werden in Spirit.**

● **Wenn Du Dich loslöst von Beweisführung und
Fragerei, wirst Du alles erreichen.**

● **Mache die spirituellen Übungen des HU! Lausche den Klängen des HU! Das ist der Weg, Gott
zu erreichen!**

Der Verstand und seine Illusionen sind widersprüchlich in sich selbst, und die Wahrheit Gottes befindet sich jenseits allen menschlichen Denkens, so wie die mündliche Ausdrucksform jenseits aller Worte liegt. Die Meister sind sich der psychischen Umstände der niederen Welten bewußt, aber wir können nur hier und da durch unser Mitgefühl ein wenig Verständnis vermitteln. Die eigentliche Zielsetzung des Meisters ist es, seine Lieben zu jener Stufe auf dem Pfade zu führen, auf der sie das in plötzlichem Erwachen begreifen können!

Worte beantworten Fragen nach der Natur Gottes. Du wirst allmählich in jenen Bewußtseinszustand erhoben, so daß die eigentliche Schwierigkeit nicht so sehr in Deinen unbeantworteten Fragen liegt, sondern in der Weiterführung der Entfaltung, die aus dem Zustand des Vertrauens auf die Macht des analytischen Denkens herausführt, hin zu wahrer Spiritualität.

"So hoch wie Du Dein Ziel setzt, so hoch entfaltest Du Dich, und dadurch, daß Du den Maßstab für Spiritualität heraufsetzt, steigt die Seele hinauf in die höchsten Himmel", sagt Lai Tsi, der Meister der ätherischen Welt.

Wenn wir den Punkt finden, an dem wahre Spiritualität beginnt, sind alle Heiligen und alle Wesen nichts als Kraft des Spirit, denn nichts existiert als nur der universale Körper des Sugmad (das chinesische Wort für Gott), in Seinem reinen Element. Was Du siehst und was eine leuchtende Sonne zu sein scheint, mit einer Stärke von zwölf Sonnen, ist nur der Widerschein des großen Herrschers dieser Ebene; und der Ton der Geige oder der Flöte ist zu hören; *Du kannst in dem See von Nektar baden, der alle Schuld und alle Sünden fortwäscht und kannst rein werden in Spirit.*

So sage ich, erwache zur Göttlichen Kraft und erkenne, daß es nichts zu erreichen gibt. Das ist Gott. Gott und Mensch sind Göttliche Kraft und sonst nichts. Die Kraft ist nicht Verstand, und sie ist von Form völlig gelöst. *Wenn Du Dich loslöst von Beweisführung und Fragerei, wirst Du alles erreichen.* Dann wirst Du Gott haben, wenn Du Gott nicht mehr brauchst. Auf Tatsachen zu reagieren, wäre wohl die Bezeichnung, die man dem in der physischen Welt geben würde.

● **Du kannst in dem See von Nektar baden, der alle Schuld und alle Sünden fortwäscht und kannst rein werden in Spirit.**

● **Wenn Du Dich loslöst von Beweisführung und Fragerei, wirst Du alles erreichen.**

3

Gehe auf eine Tatsache ein, und Du befindest Dich sogleich in Übereinstimmung mit ihr. Auf Sorgen zu reagieren, setzt weitere Ursachen für Sorgen! Also lautet das mächtige Gesetz, weder zu begehren, noch sich aufzulehnen, denn der Kampf für oder gegen etwas ist des Menschen schlimmster Fehler. Laß Deine Sinne nicht außer acht, wenn Du Gott erreichen willst. Aber klammere Dich auch nicht an sie, noch ruhe Dich in ihnen aus, sondern lebe unabhängig von ihnen und von allem, was in Deiner Umgebung geschieht. Der Weg liegt nicht unter, noch über Dir, weder zur Linken, noch zur Rechten. Er liegt in Dir.

Du mußt nach innen schauen. Sei unabhängig von äußerlichem Verhalten, sei einfach Du selbst. *Mache die spirituelle Übung des HU! Lausche den Tönen des HU! Das ist der Weg, Gott zu erreichen!* Das ist der Weg in die Namenlose Leere, der Weg, eins zu werden mit jenem Namenlosen, das in den reinen Regionen Gottes lebt, wo der Mensch mit dem äußersten transzendentalen Absoluten identisch wird. Das ist der grenzenlose, ewige Traum der Realität und Spiritualität.

● **Mache die spirituelle Übung des HU! Lausche den Tönen des HU! Das ist der Weg, Gott zu erreichen!**

Wenn der Mensch die Gottheit sucht, kann er gar nichts tun, außer dem Pfad des HU zu folgen. Strebe nach dem Heiligen Licht, halte Ausschau nur nach dem Einen, der Heilig ist, und lausche dem Heiligen Ton! Übe das Zikar !* Je mehr der Mensch über Gott redet oder über Gott nachdenkt, umso weiter zieht sich Gott von ihm zurück. Dem Licht nachzujagen heißt, das Licht zu verlieren.

Das Geheimnis, Gott in Deinem Leben zu haben, beruht darauf, das Reden aufzugeben, das Denken aufzugeben, die Jagd nach ihm aufzugeben und es wird nichts geben, das Du nicht verstehst. Bedenke, daß Weisheit weder sucht, noch begehrt.

* (Wiederholung der heiligen Worte)

2

Besuch in einem Tempel der Heilung

Wenn wir erkennen, daß das für uns wahr ist, können wir sagen: "Ich und Gott sind eins..."

● Er ist ein Ort der Kraft für die positive Seite des Spirit...

● Während des Menschen spirituelle Erkenntnis zunimmt, lernt er, von Selbsttäuschungen, Eitelkeiten und den fünf Leidenschaften des Verstandes abzulassen...

● Der erste Meister, zu dem man im Seelenkörper gebracht wird, um in den Weisheitstempeln zu studieren, ist Banjani.

Eines Abends, als ich mich mit Sri Paul Twitchell auf dem Wege zum Katsupari-Kloster befand, machten wir halt an einem kleinen Wasserlauf in den Wäldern an der Nordseite des Himalayagebirges. Er fuhr fort, mir zu erklären, daß es dort diesen Weisheitstempel mit dem Namen "Der Tempel der Stille" gäbe. Er war von den Bewohnern eines in der Nähe dieses Tempels gelegenen Dorfes errichtet worden. Vieles in dieser Gegend ist fast zugrunde gegangen durch die rauhe Witterung, durch wilde Tiere und durch Banditen unter den einstigen Nomaden. Die Meister haben dieses Areal von Zeit zu Zeit besucht, so auch um die Wende des Jahrhunderts, und festgestellt, daß dort immer noch einige der Einwohner leben. Alle ihre Schwierigkeiten hören mit der Gegenwart und dem Besuch der Adep-Meister auf. Die verbliebenen Dorfbewohner legten ein Gelübde ab, fortan ihr Leben dem Sugmad zu weihen und Ihm in jeder gewünschten Weise zu dienen.

Dieser Tempel, hoch oben auf felsiger Höhe mit einem freien Rundblick, ist wunderschön. Ich konnte zu meiner Freude diesen Tempel mit meinem spirituellen Ratgeber und Lehrer besuchen. Paul Twitchell und Rebazar Tarzs waren dabei, als ich mit diesem Tempel bekannt gemacht wurde, von dem es heißt, er sei annähernd 10.000 Jahre alt. Das wird auch erwähnt in *"The Life and Teachings of the Masters of the Far East"* ("Leben und Lehren der Meister im Fernen Ostens") von Baird Spalding. Der Bau ist von Hand ausgeführt und besteht ganz aus weißem Marmor. Bis auf den heutigen Tag hat er noch keinerlei Instandsetzung bedurft.

Diejenigen, denen es vergönnt ist, im Seelenkörper zu reisen und davon irgendwelche Erinnerungen zu bewahren, ob sie nun in ihren Träumen oder während ihrer kontemplativen spirituellen Übungen diesen Tempel aufgesucht haben, sind wahrlich glücklich zu schätzen. *Er ist ein Ort der Kraft für die positive Seite des Spirit,* denn man erfährt auf diesem Pfad, daß Stille Kraft ist. Sei still, und wisse, daß ES bei Dir ist.

● **Er ist ein Ort der Kraft für die positive Seite des Spirit...**

Wer die spirituellen Übungen ausführt, wie Paul Twitchell sie dargelegt hat, und an einen Ort des Schweigens im Tempel im Inneren gelangt, weiß, daß er den Ort der Kraft des ganzen Universums erreicht hat, die eine Quelle der Gottkraft. Lerne, still zu sein und wisse, daß Du ein Teil des Spirit bist, des blauen, weißen oder goldenen Lichts, das die Essenz Gottes ist. Das kann nur vom Tempel im Inneren eines jeden einzelnen aus geschehen.

Indem wir unsere Aufmerksamkeit auf Spirit richten und sie ins Zentrum des Lichts, im Tempel im Inneren führen, ziehen wir alle spirituellen Kräfte in einem einzigen Punkt der Kraft zusammen, derer wir uns zum Wohle allen Lebens bedienen müssen. In der Stille haben wir ES berührt. Wir sind bei Ihm und eins mit der ganzen Kraft des Sugmad. Das ist das Erbe, das Gott dem Menschen gegeben hat. Wenn wir wissen, daß dies für uns die Wahrheit ist, dann können wir sagen: "Ich und Gott sind eins." In den von Paul Twitchell vermittelten Lehren jedoch lautet diese Aussage: "Ich und ES sind eins."

Man kann diese Kraft Gottes nur auf eine einzige Art erfahren, nämlich, indem man bewußt mit Ihm Verbindung aufnimmt. Das kann nicht im Äußeren bewerkstelligt werden, weil sich Spirit von innen heraus manifestiert. Der Mahanta (der Innere Meister) wird einem in diesem heiligen Tempel begegnen. Nur wenn man sich vom Äußeren abkehrt und der Stille des Tempels im Inneren zuwendet, kann man hoffen, jemals das bewußte Einssein mit Gott zu erreichen. Wenn wir erkennen, daß die spirituelle

Substanz uns zur Verfügung steht, damit wir zum Wohle aller davon Gebrauch machen, werden wir uns ihrer ständig bedienen.

● **Während des Menschen spirituelle Erkenntnis zunimmt, lernt er, von Selbsttäuschungen und Eitelkeiten, den fünf Leidenschaften des Verstandes, abzulassen.**

Während des Menschen spirituelle Erkenntnis zunimmt, lernt er, von Selbsttäuschungen und Eitelkeiten, den fünf Leidenschaften des Verstandes, abzulassen. Man erkennt, daß ein stolzer Mensch unfähig ist, Lehren anzunehmen. Man weiß dann, daß nur der Demütige die Wahrheit zu erfassen vermag. Die spirituelle Basis des einzelnen beruht darauf, daß er wissen muß, er steht auf seinen Füßen fester als die Felsen auf dieser Erde. Er wird nicht mehr stolpern. Er wird im Gleichgewicht und unbeirrbar sein.

Wenn der Mensch erkennt, daß der Spirit Gottes die einzige Kraftsubstanz hier auf Erden ist, was Intelligenz angeht, so mag das zunächst verwirrend für ihn sein. Erst muß ES ihm in seinem wahren Wesen aufgehen; dann ist er so weit, Ihm in seinem alltäglichen Handeln im Lebensstrom Ausdruck zu verleihen. Erst dann kann er von dieser Kraft jederzeit Gebrauch machen. Man weiß dann, daß man durch die spirituellen Übungen immer bewußt mit dieser Kraft in Verbindung treten kann. Wenn jemand im Bewußtsein erwacht, begreift er, daß er in Kontakt mit der

Gottkraft ist, ob er sich nun hinsetzt, um seine tägliche Mahlzeit einzunehmen, ob er läuft oder atmet oder Fortschritte macht in seinem Verständnis für Spirit, dem großen Lebenswerk, das vor ihm liegt. Der Mensch ist nicht imstande gewesen zu lernen, wie man die größeren Werke Gottes in die Tat umsetzt, weil er weder die Großartigkeit der Gottkraft erkannt, noch gewußt hat, daß die Macht des Sugmad zu seiner Verfügung steht.

Wer keinen Weg kennt, sich aber von seiner gesamten Vergangenheit, ob nun dem Kreuz, dem Rosenkranz oder was auch immer, gelöst hat und nach Gott schreit, für den ist die Zeit gekommen. Ihm wird, wenn er nur aufrichtig ist und es verdient hat, die Gelegenheit gegeben, in den Weisheitstempeln zu studieren. *Der erste Meister, zu dem er im Seelenkörper gebracht wird, ist Banjani.* Er wird in die Wüste Gobi gebracht, ob nun von mir, Rebazar Tarzs, Fubbi Quantz, Yaubl Sacabi oder einem der anderen Spirituellen Meister.

● **Der erste Meister, zu dem er im Seelenkörper gebracht wird, ist Banjani.**

Nun studiert er unter Banjani, und die Leute, die bei ihm in der Seele arbeiten, tun das für mindestens zwei Jahre. Während dieser Zeit wird man auf verschiedene Weise geprüft, ob man dies oder das aufgibt oder auch nicht; es geht dabei noch nicht so sehr um die fünf Leidenschaften. Das kommt nach dieser zweijährigen Zeitspanne, wenn man die Licht- und Toninitiation erhält. Dann wirst Du damit beginnen, an den fünf Leidenschaften zu arbeiten, an den fünf Körpern, die mit den fünf Leidenschaften zusammenhängen. Wenn jemand während dieser Zeitspanne, sagen wir, im Innern mit einem der Meister in Berührung kommt und sich auf diesen Meister einstellt, wird er diese Seele zu den verschiedenen Weisheitstempeln oder in die Wüste Gobi bringen, je nachdem, was zu dem Zeitpunkt ansteht.

Wenn dann derjenige den nächsten Schritt unternimmt und eine Initiation erhalten möchte, macht er sich an die Arbeit und beginnt, sich sehr schnell zu entfalten. Er wird als Seele auf die Seelenebene gebracht. Nun verstehe, wenn die Zeit für ihn kommt, hier bestimmte Dinge zu lernen, wird er, ganz gleich, von welchem Weisheitstempel aus er gerade arbeitet, mit anderen Worten - Ebene oder Dimension - im Seelenkörper auf die Seelenebene zurückgebracht.

Einige Leute verfügen über eine äußerst große visuelle Fähigkeit und sehen, daß sie von einer bestimmten Ebene aus arbeiten, und sie besitzen in den niederen Welten die Entscheidungsfreiheit, ob sie nicht von den reinen positiven Gottwelten aus arbeiten wollen, von hier oben, von der Seelenebene aus. Genauso, wie wenn jemand sagt, er arbeite ständig von der Astralebene aus - nun, das ist seine Entscheidung. Er wird eine Menge Leute in die Irre führen, denn die wahren Lehren verkünden Dir, daß Du vom reinen positiven Zustand aus, von den reinen positiven Gottwelten aus arbeiten mußt.

3

Worte und ihre Macht

Das Wort ist der wahre Nektar, der wahre Wein Gottes; deshalb sollte man es einfach halten...

● **Die einzige wahrhaft universale Sprache aller Welten ist das Shabda, der Ton, der sich in Musik manifestiert.**

● **Wir müssen mit unseren Kindern, die ja die Zukunft dieser Erde sind, wesentlich positiver umgehen, wenn wir ihnen etwas zu sagen haben und beachten, wie wir es sagen.**

● **Hab ein Lied im Herzen, um Deine Schwingung hochzuhalten.**

Ein ganz einfacher Stamm, der ursprünglich aus Kleinasien kam und Amdo-Stamm genannt wurde, erreichte, als er in alle Teile der westlichen Hemisphäre eindrang, auch die Indo-Germanen. Heutzutage ist von diesem Stamm nichts weiter übriggeblieben außer ein paar Nomaden im entlegenen östlichen Teil Chinas. Anhand der Namen von Pflanzen, Bäumen und Meerestieren lassen sich jedoch Mutmaßungen darüber anstellen, wo noch Nachfahren leben.

Auf ihrer Wanderung von China nach Persien unter der Führung der Adept-Meister ließen sie im modernen Iran die Sprache der Skyten zurück. Eine Gruppe zweigte nach Indien ab, und es bildete sich die Sprache des Sanskrit. Auf ihrem weiteren Zug entwickelten sich ebenso die keltischen Sprachen, die das Russische einschließen. Den Forschern ist bekannt, daß sie etwa um 2000 v.Chr. in den Mittelmeerraum gelangten. Die Stämme erreichten das griechische Festland und unternahmen eine Reihe von Invasionen, die sich über fast 2000 Jahre erstreckten. Die Forscher nehmen an, daß es vor diesen Invasionen kaum so etwas wie eine griechische Sprache gegeben haben dürfte. Von den Indogermanen ist die erste griechische Sprache überliefert, der man den Namen Linear B gegeben hat und die erst kürzlich, 1953, übersetzt werden konnte. Das Lateinische tauchte erst viel später auf dem europäischen Kontinent auf; und das Griechische erfuhr erst eine Wiederbelebung, als es unter den Römern im Zeitalter des Kaisers Augustus zu einer Renaissance kam. Zu Beginn des Mittelalters war Latein die amtliche Sprache in Europa. Das heißt aber nicht, daß sie überall in Gebrauch war, denn es gab viele Sprachen und Dialekte der zahlreichen unterschiedlichen Volksstämme.

Dann kamen viele der romanischen Sprachen auf, wie Französisch, Italienisch und Spanisch, ferner die germanischen Sprachen, Skandinavisch, Isländisch, Finnisch und Englisch. Im 13. Jahrhundert wurden die heute zur Blüte gelangten modernen Weltsprachen wie Französisch, Italienisch, Spanisch und Englisch die offiziellen Sprachen der betreffenden Länder. Es ist interessant festzustellen, daß das erste amtliche Dokument in italienischer Sprache im Jahr 960 erschien. Erst um 1300 schrieb Dante die "Göttliche Komödie", aber die neue italienische Sprache war bereits etabliert und ist heute noch in Gebrauch.

Man mag sich fragen, was all dies mit dem Wort - dem gesprochenen, dem geschriebenen Wort, zu tun hat? Die spanische Sprache, wie die Bevölkerung sie benutzt, wurde in ihrer modernen Form erst schriftlich fixiert, als Cervantes 1605 seinen legendären Don Quichote schuf. Sie hat sich bis heute kaum verändert. *Die einzige wahre universale Sprache aller Welten ist das Shabda, der Ton, der sich in Musik manifestiert.* Das, wofür ich ein Mittler bin, drückt sich in Liebe aus, die göttlicher Natur ist, und meine geschriebenen und gesprochenen Worte, meine Musik, sind endlos und wandeln sich ständig.

Die Verkehrs- und Handelssprache ist offenbar Englisch. Drei Viertel der Weltpost ist in Englisch abgefaßt. Mehr als die Hälfte aller Zeitungen auf der Welt sind in Englisch gedruckt. Englisch ist die Sprache von mehr als drei Fünftel aller Rundfunkstationen der Welt, und mehr als drei Viertel aller wissenschaftlichen und technischen Zeitschriften sind entweder ganz oder teilweise in Englisch gehalten. Das Englische hat heute eine Reichweite ähnlich der des Lateinischen in alten Zeiten und ist im Begriff, die Weltsprache der Zukunft zu werden. Sowohl Englisch als auch Chinesisch sind einfache Sprachen. Aber das Vokabular ist nur ein Element der menschlichen Sprache, dem Macht innewohnt. Die eigentliche Quelle eines guten, kraftvollen Vokabulars liegt in der Wahl des richtigen

● **Die einzige wahre universale Sprache aller Welten ist das Shabda, der Ton, der sich in Musik manifestiert.**

17

Wortes zur rechten Zeit, darin, daß man Worte verwendet, die jedem weiteren Wort so etwas wie einen Raketenantrieb vermitteln.

Wozu nun all dies über Worte und ihre Macht? Zunächst einmal bedarf es eines Verständnisses für die verschiedenen Sprachen. Ich habe dazu in aller Kürze ein paar historische Informationen gegeben und bin nicht ins Detail gegangen; das kann zu einem späteren Zeitpunkt geschehen. Aber wenn wir schreiben, sprechen und uns ausdrücken, müssen wir unser Publikum ansehen. Auch müssen wir unsere Worte mit Bedacht wählen. Ich weiß nicht mehr, wer es gesagt oder geschrieben hat, aber als William Shakespeare seine Verse schrieb, standen ihm weniger Wörter zur Verfügung, als unsere Kinder heute in der Schule lernen. Und diejenigen, die diese Zeilen lesen, können auf ein reichhaltigeres Vokabular zurückgreifen als William Shakespeare zu seiner Zeit.

Die Struktur unserer Grammatik ist sehr komplex, und die meisten modernen Autoren verdichten ihr Material derart, daß kaum noch Raum zum Luftholen bleibt, womit sie sich dem rasanten Tempo und dem Stil anpassen, die für diese Welt charakteristisch geworden sind.

Die Möglichkeit, mittels Fernsehen und über Satelliten zu kommunizieren, und jeden Augenblick zu erfahren, was in anderen Teilen der Welt vor sich geht, führt dazu, daß immer weniger Menschen heute noch lesen. *Wir müssen, was die Struktur der Sätze betrifft, die wir unseren Kindern gegenüber gebrauchen, die ja die Zukunft dieser Erde sind, wesentlich positiver mit ihnen umgehen, wenn wir ihnen etwas zu sagen haben und beachten, wie wir es sagen.* Das schließt die Menschen ein, mit denen wir zusammenarbeiten, sei es, daß wir für sie oder sie für uns tätig sind. Auch im Umgang mit unseren eigenen Vorgesetzten sollten wir uns stets einer positiven Ausdrucksweise bedienen.

Ich habe gelernt, niemals "Kann ich nicht" zu sagen. Also nicht: "Das <u>schaffe</u> ich heute <u>nicht</u>", sondern vielmehr: "Ich <u>erledige</u> das für Sie bis morgen vormittag, zehn Uhr." Das ist eine Weise, wie wir zu größerer Harmonie mit unseren Mitmenschen und unseren Familien kommen können. Behalten wir im Auge, daß "falls" ein sehr schwaches Wort ist. Es läßt Raum für Zweifel. Ein paar andere sehr schwache Wörter sind "könnte sein", "ich hoffe", und "ich baue darauf, daß". Nun, "niemals" ist ein negatives Wort von der starken Sorte.

● **Wir müssen, was die Struktur der Sätze betrifft, die wir unseren Kindern gegenüber gebrauchen, die ja die Zukunft dieser Erde sind, wesentlich positiver mit ihnen umgehen, wenn wir ihnen etwas zu sagen haben und beachten, wie wir es sagen.**

19

Ich möchte auf unser Verhalten unseren Kindern gegenüber eingehen, denn in deren Ohren - obwohl das für Erwachsene ebenso gilt, aber es ist eben besonders eindrucksvoll in den zarten Ohren eines Kindes - wirkt eine positive Aussage in ihrer einfachsten Form immer inspirierend. Laß mich Dir das auf folgende Weise anschaulich machen.

Ein Beispiel: Du hast zuvor Deinem Kind ein Versprechen gegeben oder hast etwas in der Art verlauten lassen, und nun redest Du mit ihm und kommst daher und sagst: "Ich kann dich vor nächsten Dienstag nicht mit ins Theater nehmen", dann ist alles, was das Kind hört: "Ich kann dich vor nächsten Dienstag nicht mit ins Theater nehmen." Was bedeutet ihm schon Dienstag? Der kommt vielleicht nie. Nun mache daraus eine positive Aussage und erkläre stattdessen: "Ich kann dich nächsten Dienstag mit ins Theater nehmen." Was hört das Kind? - "Ich kann dich mitnehmen." Dieses Beispiel ist ganz elementar, ganz grundlegend; doch wenn wir es in allen unseren tagtäglichen Gesprächen, in unseren schriftlichen Äußerungen, in unserem Denken und in unseren Unterhaltungen anwenden, werden wir eine ungewöhnliche Veränderung in unseren Beziehungen feststellen; die Leute reagieren mit mehr

Wärme auf uns, und dabei geschieht nichts anderes, als daß Du den HU-Spirit Gottes durch Dich hindurchfließen läßt und nicht die negative Kraft.

Es gibt Worte, die destruktiv sind, und der Gebrauch des Wortes kann überaus zerstörerisch wirken. Deshalb weise ich auf die positive Seite hin. Denn es war, glaube ich, Paul Twitchell, der es erwähnt und darüber geschrieben hat, daß das Wort das mächtigste Werkzeug ist, dessen man sich in den niederen Welten, den Welten des Kal, bedienen kann. So verwenden es auch einige Leute gegen mich, um mich in Mißkredit zu bringen, damit ich auf der ganzen Welt in den Augen all derer, die mich kennen, schlecht dastehe. Aber das kann mich nicht berühren! Denn ich erinnere mich an einen Brief, den Paul an Gail geschrieben hat, worin er über das Wort sprach und wie man damit tatsächlich einen Menschen erledigen kann; er sagt aber auch, man dürfe nicht vergessen, daß der Anwender selbst dafür vom Engel des Todes in die Verantwortung genommen wird, wenn er in die nächste Welt hinübergeht.

Wenn jemand eine spirituelle Grundlage hat, sich am oberen Ende der Tonskala befindet und die Liebe, die göttliche Liebe durch sich hindurchfließen läßt, dann kehrt solches Verhalten zum Anwender zurück. Wer sich in anderer Leute Angelegenheiten hineinziehen läßt, auf sie hört und von ihnen beeinflußt wird, fungiert der nicht als Mittler für die dunklen Mächte? Ein ganz fundamentales Prinzip der spirituellen Lehren besagt, man solle nicht in den psychischen Freiraum eines anderen Menschen eindringen und niemals ein Urteil über ihn fällen.

Ein destruktives, negatives Wort, das einem als emotionale Ladung entgegengeschleudert wird, kann als hochgradig geladene Energieeinheit betrachtet werden, die als Wurfgeschoß dient. Natürlich kann dadurch jemandem, der unentfaltet ist und sich in den unteren Regionen der Tonskala befindet, Schaden zugefügt werden, wie schon früher erwähnt. Das ist der Grund, warum Paul Twitchell, wie auch ich selbst immer wieder betonten: *Hab ein Lied im Herzen um Deine Schwingung hochzuhalten.*

● **Hab ein Lied im Herzen, um Deine Schwingung hochzuhalten.**

Laß nicht zu, daß Apathie, Eifersucht, Furcht und allgemeines Elend Dich herabzieht. Dreh es um! Scheue Dich nicht, etwas in Frage zu stellen, sei es hier draußen im Physischen, sei es im Traum oder in einer spirituellen Kontemplation. Dein Bewußtseinszustand ist abhängig von

Deiner Haltung und von Deinem Standpunkt, und solange
Deine Schwingungsrate positiv und auf hohem Niveau ist
und jemand setzt irgendwie negative, dunkle Kraft gegen
Dich ein, so muß diese zwangsläufig zu ihrem Absender
zurückkehren. Das ist etwas ganz Grundlegendes. Es
stimmt schon, daß es so viel Leid in dieser Welt gibt, so
viel Trauriges und dazu die Furcht, die täglich in den Menschen erzeugt wird durch Zeitungen, Fernsehen und auch
durch Briefe, die wir in unserer Post finden, und nicht zu-
letzt durch das Gerede von anderen, denen wir unser Vertrauen schenken - all dem gegenüber müssen wir äußerst
wachsam sein. Es kann uns auf der Tonskala herunter-
drücken, unsere Schwingungsrate verringern und unsere
Haltung beeinträchtigen.

Denke immer daran, wenn wir positive Gedanken hegen, Dinge in Frage stellen, aus uns heraus gehen und
stets das Gute in allem suchen, dann halten wir uns auf
einem hohen Niveau der Tonskala des Lebens auf. Wenn
Du etwas nicht verstehst, kontempliere darüber, bringe es
aber nicht zum Inneren Tempel, wenn Du gerade verär-
gert bist.

Einige der wichtigsten Regeln für eine machtvolle Sprache und für einfache Sätze: Bleibe beim Thema, halte Dich an eine objektive Ordnung, lasse verwirrende und beziehungslose Klauseln weg! Rechtsanwälte bringen auf solche Weise gern Unordnung in eine Angelegenheit! Verwende Grundwörter mit Vorsilben. Benutze stets aktive Ausdrücke anstelle von passiven. Verwandle Eigenschafts- und Umstandswörter in Tätigkeitswörter. Entledige Dich kommentierender Adjektive; behalte verfeinernde Eigenschaftswörter bei. Kommentiere nicht, beschreibe. Analysiere nicht, sondern berichte. Vermeide alle Klischees und Schlagwörter. Verwandle negative Worte in positive. Vermeide schwache Wörter in Deiner Alltagssprache auf der Straße, sowohl Deinem Nachbarn wie Deinem Feind gegenüber - falls, ich hoffe, vielleicht, ich rechne fest damit usw. Hüte Dich vor übertrieben starken Ausdrücken. Gestalte Deine Sprache persönlicher. Wenn Du diese einfachen Regeln in Deine Alltagssprache einbaust, bist Du auf dem Wege zu einem viel reicheren spirituellen Leben.

Das Wort ist der wahre Nektar, der wahre Wein Gottes, deshalb sollte man es einfach halten. Arbeite auf positive Weise damit. Paul hat, glaube ich, im "Zahn des Tigers", gesagt, und ich zitiere: "Die absolute Wahrheit ist der

Nektar, jener Wein Gottes, jene göttliche Melodie, der Name, das Wort, die Musik der Sphären, das Qualima Nad oder wie auch immer man es bezeichnen möchte."

Damit müssen wir täglich arbeiten. Wenn wir das tun, wird der Nektar immer vorhanden sein. Versäumt man es jedoch in dieser negativen Welt, am Wort teilzuhaben, indem man es in seinen spirituellen Übungen singt, so entgeht einem der Nektar, jenes Glück, das die wahre Freude hier auf Erden ausmacht. Niemand kann Dir das nehmen.

4

Die
negative
Lösung

All die Antworten auf Fragen, die jemand haben mag, sind im Inneren Tempel zu finden...

● **Die Sprache der Seele ist universal im gleichen Sinne, wie auch mathematische Symbole universal sind.**

● **All die Antworten auf Fragen, die jemand haben mag, sind im Inneren Tempel zu finden.**

Ich werde oft gefragt, was man gegen das Bombardement negativer Gedanken tun kann, die auch zu denen durchsickern, die wirklich aufrichtig sind, was ihr spirituelles Ziel der Gott-Realisation angeht. Aus allem, was Sri Paul Twitchell geschrieben hat, geht hervor, daß Spirit den Sieg davonträgt, beherrschend und gebietend ist. Demnach kann im Leben nur siegen, was die Bewußtheit von Spirit in sich trägt. Während dieses Stadiums erwachender Selbsterkenntnis fragen wir uns, worin die Zielsetzung unseres Lebens besteht, was wir brauchen und was wir wirklich sind.

Spirituelle Schaufensterbummler halten nur Ausschau nach dem, was ihrer Auffassung nach Spirit für sie bewirken könnte, sind aber nicht bereit, das als eine in zwei Richtungen verlaufende Straße zu akzeptieren. Wenn man empfangen möchte, muß man zuerst geben. Das ist spirituelles Gesetz; es gibt allerdings vielerlei Arten des Gebens.

Wann immer negative Gedanken in unser Bewußtsein eindringen, können sie dadurch ausgelöscht werden, daß man still für sich das Wort "May-hon-tay" oder "HU" wiederholt, während man die Straße entlanggeht oder wenn man mit Leuten in Berührung kommt, von denen negative Schwingungen ausgehen. Solange die andere Person spricht oder sich in Deiner Atmospähre befindet, fahre damit fort, diese Worte im Stillen zu wiederholen, und alles in Dir wird sich beruhigen.

Der Meister spricht zu jedem Studierenden in der Sprache der Seele, wenn aber derjenige nicht zuhören mag oder kann und die subtile Natur dieses inneren Kommunikationssystems zwischen ihnen mißversteht, kann ihn ein Gefühl von Verlust und Einsamkeit überkommmen, obwohl der Meister ihn niemals verlassen hat. *Die Sprache der Seele ist universal im gleichen Sinne, wie auch mathematische Symbole universal sind.*

● **Die Sprache der Seele ist universal im gleichen Sinne, wie auch mathematische Symbole universal sind.**

Die Schaffung einer spirituellen Grundlage beginnt, wenn der Studierende sein Vertrauen in die spirituelle Führung des Inneren Meisters setzt. Paul betonte, dies berühre "das Herz" des spirituellen Lebens und seines Ziels, und man erkennt, daß jeder Augenblick unbegrenzten Wert hat, nicht aufgrund dessen, was ihm vorausgeht oder folgt, sondern weil es der Augenblick der Kommunikaktion mit Gott ist, in dem die Ewigkeit eine gegenwärtige Realität ist, da man die gesamte Fülle des Lebens in einem Moment, hier und jetzt, die Vergangenheit, Gegenwart und Zukunft, erfaßt und besitzt.

Die Vergangenheit wird immer ohne Bedauern zurückgelassen und die Zukunft, wenn die Pläne dafür gemacht wurden, in Gottes Hände gelegt. Das Leben wird im Augenblick gelebt, der die spezielle Realisation der Jetztheit des Ewigen ist.

Es wurde immer wieder gesagt, daß *all die Antworten auf Fragen, die jemand haben mag, im Inneren Tempel zu finden sind.* Wenn jemand seine Zeit und seine Energie darauf verschwendet, das Negative vom Tage aufzuwühlen, wird er lediglich die Feststellung machen, daß auch der nächste Tag und die folgenden Tage und Wochen noch davon durchsetzt sind. Er verstrickt sich derart in diesen grauenhaft grauen Umklammerungen der Kal-Klauen, daß er im Negativen wie im Treibsand versinkt. Voller Verzweiflung streckt er die Hand nach Hilfe aus, während er im Schlamm steckt. Aber solange er nicht bereit ist, die nach ihm ausgestreckte Hand des Inneren Meisters zu ergreifen und sich da herauszuziehen, während der Meister ihn sicher festhält, wird er der Meinung sein, einfach alles müsse für ihn getan werden.

Weil er diesen Negativismus auf sich gezogen hat, könnte es schon einige Zeit dauern und eine positive

* **All die Antworten auf Fragen, die jemand haben mag, sind im Inneren Tempel zu finden.**

Einstellung erfordern, um die Wolke, die ihn eingehüllt hat, zum Verschwinden zu bringen.

Es ist nicht damit getan, daß der Meister den Weg zeigt; vielmehr muß der Schüler seinen Teil dazu beitragen und die Lektionen und die Ausbildung in die Tat umsetzen, um zu erkennen, daß der Meister ihm vorangegangen ist und sich nicht umwenden wird, zu sehen, ob der Schüler auch nachkommt.

Der Gewinn, den solche Initiative und Hingabe an die eigene spirituelle Erfüllung einbringt, läßt sich mit Worten gar nicht ermessen. Wenn die Bürde deines augenblicklichen Lebens zu schwer wird, halte inne, und frage Dich erneut, was Dein wichtigstes Ziel im Leben ist. Worauf möchtest Du es in Deiner Welt hinauslaufen sehen, und bist Du bereit, Deinen Teil der Verantwortung zu übernehmen, um dahin zu gelangen?

Je länger man den Lehren der Adept-Meister folgt, umso einfacher wird es; die Feinheiten treten deutlicher hervor und werden verständlicher, und die innere Freude wird zugänglicher und beständiger. Wann immer Negatives Deinem spirituellen Ballon einen Stoß versetzt, prallt es wieder ab, einfach weil es nicht in den Kern Deines inneren Seins eindringen kann. Wieder einmal liegt die Entscheidung bei Dir selbst!

5

Der Schritt über die Macht hinaus

Was ist das, was der Mensch Gott nennt? Ist Gott einfach nur eine vage Hoffnung, ein sinnloser Traum oder ein Gott, der wirklich erreichbar ist? Ist es möglich, Gott zu erkennen?

● **Den Gott-realisierten Zustand zu erreichen und zu erfahren, ist für niemanden leicht.**

● **Das nämlich ist es, was Gott für die meisten Menschen heute darstellt - einen Gebrauchsgegenstand.**

● **Wahrheit kann nicht benutzt werden. Gott kann nicht benutzt werden. Man stelle sich vor, der Mensch benutzt Gott!**

● Ich erkannte, daß die Ursache für alle Unruhe und alle Konflikte im Leben in dem tief verwurzelten Glauben an zwei Mächte liegt...

Wir Menschen müssen die Dinge loslassen, an die wir uns in der äußeren physischen Welt und in unseren persönlichen geheimen inneren Welten festklammern. Das, was Mann und Frau mit ihrer menschlichen Mentalität erfassen können, ob eine Sache oder einen Gedanken, ist nicht Gott. Niemand wird Gott finden, solange man alles hat, worauf man Fuß fassen kann, etwas, woran man sich halten oder etwas, woran man glauben kann. Das mag erschreckend und unglaublich erscheinen, es ist nichtsdestoweniger wahr.

Hat nicht Paul Twitchell in seinen Nachforschungen ausführlich über die Tatsache geschrieben, daß wir alle Dinge loslassen müssen, um Gott zu erreichen? Er erklärte unaufhörlich, daß wir in unserem Leben den gesunden Menschenverstand gebrauchen und unsere Verpflichtungen erfüllen müssen. Das bedeutet, daß wir in der physischen oder äußeren Welt keine Opfer bringen müssen.

33

Die meisten von uns haben einen gerechten Anteil der guten Dinge des Lebens erfahren und ein paar der schlechten Dinge, das, was wir unter "schlecht" verstehen. Ich bin sicher, die meisten von uns würden zugeben, daß wir keine irgendwie dauerhafte ewige Glückseligkeit in den sogenannten "guten" Dingen hier auf Erden finden konnten. Die meisten von uns mußten ebenso wie ich annehmen, daß es irgendetwas hinter allem gibt, aber was? Was ist dieses Etwas? Ist es Gott? Wenn ja, was ist das, was der Mensch Gott nennt? Ist Gott einfach nur eine vage Hoffnung, ein sinnloser Traum oder ein Gott, der wirklich erreichbar ist? Ist es möglich, Gott zu erkennen? Ich kenne Gott, und ich, für meine Person, kenne ES; es ist jedoch keine großartige Leistung. Man braucht Zeit und einen Spiritual Traveler, der sich mit dem Weg durch die niederen Welten in die reinen Gottwelten auskennt. Die Spiritual Traveler sind Meister. Sie sind sich selbst Gesetz und fähig, in ihrem spirituellen Seelenkörper nach eigenem Willen zu kommen und zu gehen.

Die fortwährende Suche nach Gott ist für die meisten nicht leicht, und wenn dann die Offenbarung Gottes eintritt, ist es etwas so gänzlich anderes, als erwartet wurde, daß, wenn jemand ehrlich ist, er zugeben muß, daß es

jenseits des menschlichen Auffassungsvermögens liegt.
Das geschieht erst nach einer sehr feinen Bestätigung im
Inneren; denn jetzt hat er selbst entdeckt, worauf durch
tausend verschiedene Weisen im gesprochenen und
geschriebenen Wort hingewiesen wurde, und wenn man
mit dem ES Jahr um Jahr gelebt hat, erkennt man es
schließlich. Was man sucht, ist nur Selbsterkenntnis und
das Verständnis, daß ein kleiner Teil Gottes Deine eigene
Seele ausmacht. Das ist der Grund, warum man für sich
allein durch Erfahrungen erkennen muß; man muß sich
Zeit nehmen, ES zu erfahren - die Tür, bedenke, öffnet
cich nach innen. *Den Gott-realisierten Zustand zu erreichen und zu erfahren, ist für niemanden leicht.* Man kann
diese Reise sehr viel schneller unter der spirituellen
Führung und Anleitung der Spirituellen Meister machen.

• **Den Gott-reali-
sierten Zustand zu
erreichen und zu
erfahren, ist für nie-
manden leicht.**

Seit alters her sind die meisten Religionen des Menschen entstanden infolge von Schwierigkeiten der einen
oder anderen Art, denen Volksstämme und Bewohner eines Landes entgegenzutreten hatten. Fischer, die merk-
ten, daß in einer bestimmten Jahreszeit die Fische sich
nicht in genügender Anzahl einstellten, oder Jäger, die
entdeckten, daß das Wild sich rar machte, und Bauern,
die feststellten, daß es in manchen Jahren zu wenig oder

35

in anderen Jahren zuviel Regen gab, beschuldigten Gott dafür. Gelegentlich fielen feindlich gesinnte Anwohner jenseits ihrer Grenzen über die Schwächeren her, plünderten ihre weniger mächtigen Nachbarn aus und stürzten sie dadurch in Armut oder machten sie zu Sklaven. Oft machten sie sie in geistiger Hinsicht zu Sklaven und übten auf diese Weise ihre Herrschaft aus und ließen sie in möglichst großer Unwissenheit, um sie leichter ausbeuten zu können. Aber wenn die Schwachen an Stärke gewannen, wurde die Wirklichkeit oft dadurch sichtbar, daß sie in die Falle der Macht liefen. Sie waren dann nicht in der Lage, Menschen zu unterjochen, die zu spirituellem Verständnis gelangt waren.

Nur wenige, die meditierten oder kontemplierten, wuchsen, wenn sie sich dem Meister im Tempel des Inneren näherten, in ihrem Verständnis für den Unterschied der dualen Welt gegenüber den positiven Gottwelten. Die gesamte überlieferte Geschichte dieser Welt berichtet, daß immer die Mächtigen sich an den Armen bereichert haben. Gewehrkugeln überwältigten jene mit Pfeil und Bogen. Die Kanone triumphierte über die Kugeln, und schließlich besiegten Bomben die Kanone. Eine Macht hat sich immer eine andere untertan gemacht. Und auf der

Suche nach letzter Zuflucht wandte der Mensch sich an Gott in der Hoffnung, er könne dadurch mächtiger werden als die Waffen, die er besaß. Ebenso wie auf der physischen Seite wurde der spirituelle Bereich vom Psychischen her und durch andere negative Taktiken angogriffen. Aus dem Osten kamen viele Anleitungen zu uns, wie man versuchen kann, jemand anderen zu kontrollieren, so die Feurige-Lotus-Technik. Doch dem Individuum, das seine Grundlage in Spirit und in Gott hat, kann durch diese psychische Technik kein Schaden zugefügt werden. Du merkst es bestimmt sogleich, wenn jemand versucht, sie auf Dich anzuwenden. Du mußt nur die Angst aus Deinen Gedanken verbannen.

Alle Bibeln, das Alte Testament eingeschlossen, sind voll von Berichten über Menschen und Nationen, die Gott anriefen, daß er ihre Feinde unschädlich mache. Daß diese Feinde boshafter seien als sie selbst und verdienten, vernichtet zu werden, wird meist nicht erzählt, nur daß sie das Land brauchten oder die Sklaven ihrer Feinde, oder daß sie irgendetwas anderes brauchten, was ihre Feinde besaßen. Das einzige Ziel bei ihrem Gebet zu Gott bestand darin, den Feind vernichtet zu sehen und von ihrer Armut befreit zu werden. Falsches Denken, nicht wahr?

● Das nämlich ist es, was Gott für die Menschen heute darstellt - einen Gebrauchsgegenstand.

Das nämlich ist es, was Gott für die Menschen heute darstellt - einen Gebrauchsgegenstand. Inzwischen allerdings, anstatt bloß wegen ihrer Feinde unter den Menschen beunruhigt zu sein, haben die Leute Gott die zusätzliche Verpflichtung übertragen, ihnen ihre Krankheiten und Sünden abzunehmen, die sie selbst verursacht haben. Dann nach Jahrhunderten des Gebets zu Gott wandten sie sich an Jesus. Nachdem Paulus von Tarsus das Christentum gegründet hatte, merkte er, daß die Leute, die zu Gott beteten, kaum jemals oder nur sehr selten, Antwort auf ihre Gebete bekamen. Es ist das Individuum, das diese Form gefügt hat und sie sich von Spirit füllen läßt, nachdem es die Dinge im inneren losgelassen hat. Was die Christen nicht verstehen, ist, daß der Christus in ihrem Inneren, mit anderen Worten, ihre eigene Überseele, ihnen hilft.

Die Menschheit sucht immer nach einer stärkeren Macht, mit der sie jene Mächte überwinden kann, die sie stören oder ärgern. Die Welt hat heute die Entdeckung ungeheurer Kräfte miterlebt, die mächtiger und destruktiver sind als alles, was sie jemals von Gott erwartete oder ihm zugeschrieben hat; weil materielle Kräfte entdeckt worden sind, die augenblicklich eine ganze Stadt auslöschen können, ein Land oder den Feind, wenn nur der Angreifer es schafft, zuerst da zu sein. Die Menschheit hat sogar mentale Kräfte entdeckt, aber niemand hat bisher eine Kraft entdeckt, weder auf der physischen, der mentalen, noch der spirituellen Ebene, die den Sünden, der Krankheit und der Armut der Welt ein Ende machen oder sie überwinden kann.

Die uralten Adepten sind die einzigen, die das möglicherweise bewerkstelligen könnten, jedoch würden sie es nicht tun, denn sie würden das negative Karma, das damit einhergeht, auf sich selbst laden. Darum lassen sie sich nicht darauf ein. Jeder einzelne muß lernen, von den positiven Gottwelten aus zu arbeiten, wie Paul Twitchell es in seinen Schriften dargelegt hat. Dann kann man das negative Karma überwinden und ebenso sich selbst heilen.

Diese mechanisierte und automatisierte Welt sucht immer noch genau nach dem, wonach sie schon vor den Tagen Abrahams, Isaaks und Jakobs gesucht hat. Die meisten beten immer noch um dieselben Dinge zu Gott, worum die heidnischen Vorfahren der Menschheit beteten.

39

Der Mensch hat die großartige Lektion nicht gelernt, daß die Überwindung von aller und jeder Schwierigkeit nicht darin liegt, irgendeine Macht zu benutzen. Und wenn in all den Tausenden von Jahren die Menschheit nicht erkannt hat, welche Torheit darin liegt, nach Mächten zu suchen, mit deren Hilfe sie Irrtümer überwinden kann, dann mag es weise sein, sie ihren schwankenden Kurs verfolgen zu lassen, während wir den hohen Weg gehen, den unbegrenzten Mittelweg, wodurch wir zu verstehen geben, daß es keine Mächte gibt, die zu überwinden sind, weil Leben weder durch Macht, noch Gewalt, sondern durch Spirit gelebt werden muß.

Es war Chester P. Steinmetz von General Electric, der vor mindestens fünfzig oder mehr Jahren sagte: "Die nächste große Entdeckung in der Welt würde die der spirituellen Kraft sein." Darin erwies er sich als prophetisch. Man muß jedoch verstehen, daß die spirituelle Kraft, auf die er sich bezog, keine Kraft in der allgemein gültigen Bedeutung dieses Begriffes ist.

Spirituelle Kraft ist das Nichtvorhandensein von Kraft. Sie ist eine Nicht-Kraft in dem Sinne, als sie keine Kraft ist, wie die Welt Kraft begreifen kann, weil sie weder physisch, noch mental ist. Es handelt sich um keine Macht, die durch den Menschen manipuliert werden kann, und darum ist ein Begriff wie "Wahrheit benutzen" archaisch. *Wahrheit kann nicht benutzt werden. Gott kann nicht benutzt werden. Man stelle sich vor, der Mensch benutzt Gott!* Allein der Gedanke ist für die meisten schockierend. Viele jedoch versuchen es.

Wenn man zum Verständnis der spirituellen Kraft gelangt, dann wird einem bewußt, was das ist, "Nicht-Kraft". Was ist mit dieser Aussage gemeint? "Nicht-Kraft" meint einen Zustand des Bewußtseins, bei dem es keine zwei Kräfte gibt, die gegeneinander kämpfen. Es handelt sich nicht um zwei Kräfte, bei denen die eine benutzt wird, um die andere zu zerstören. Mit anderen Worten, es gibt keine spirituelle Kraft, die von irgendjemandem dazu benutzt werden kann, seine Feinde zu vernichten. Es gibt keine spirituelle Kraft, die anstelle der Nuklearkraft, auf die sich die Welt augenblicklich verläßt, benutzt werden kann. Die spirituelle Kraft ist jedoch bei weitem stärker in ihrer Substanz als irgendeine nukleare Erfindung jemals sein könnte.

● **Wahrheit kann nicht benutzt werden. Gott kann nicht benutzt werden. Man stelle sich vor, der Mensch benutzt Gott!**

Jemand, der ein Träger für Spirit wird, wird Spirit sein physisches Selbst gebrauchen lassen, ohne zu dirigieren wofür, wo oder wie es gebraucht werden solle. Die meisten spirituellen Sucher, heute wie gestern, denken, daß insoweit wie die Kraft, die wir suchen und zu benutzen hoffen, spirituell ist, es legitim sei, sie anzuwenden. Was wir aber tatsächlich erwarten, ist, die spirituelle Kraft solle genau das tun, was wir uns von Bomben zu versprechen pflegen. Laß Dich nicht zu dem Glauben verführen, es sei möglich, irgendeine noch nicht entdeckte Kraft ausfindig zu machen, die bewirken könne, wozu bereits entdeckte Kräfte nicht imstande sind. Wir werden keiner spirituellen Kraft begegnen, die irgendetwas zerstört oder überwältigt. Stattdessen werden wir den Glauben überwinden, daß es Gut oder Böse in irgendeiner Auswirkung oder Form gibt.

● **Ich erkannte, daß die Ursache für alle Unruhe und alle Konflikte im Leben in dem tief verwurzelten Glauben an zwei Mächte liegt.**

Als ich angeleitet wurde, über diese Vorstellung von Kraft zu meditieren, *erkannte ich, daß die Ursache für alle Unruhe und alle Konflikte im Leben in dem tief verwurzelten Glauben an zwei Mächte liegt.* Daraus erwachsen Einstellungen derart, daß nur der Beste überlebt, Selbsterhaltung als oberstes Naturgesetz gilt, ebenso wie die Anwendung von Gewalt im Krieg und in fast jeder anderen Aktivität der menschlichen Existenz. Während aller Zeitalter hat man stets die eine Macht dazu benutzt, eine andere zu überwältigen, zu zerstören oder zu verdrängen. Und dennoch, trotz allen Mißbrauchs von Macht, wird die Welt immer noch von den gleichen Übeln geplagt, wie es sie schon seit Anbeginn der Zeit auf der Erde gab. Der Lauf der Zeit hat in keiner Weise die Macht des Bösen zerstört, so wie der Mensch das Böse versteht. Wenn der Mensch das Gesetz des Ausgleichs verstünde, würde es das Böse nicht geben.

In Nachdenken versunken erwog ich diese Dinge, und es tauchte die Frage auf, ob dies bedeute, daß der Mensch nach einer größeren Macht sucht, um etwas gegen andere Mächte auszurichten?

Kann es sein, daß eine spirituelle Kraft vorhanden ist, die materielle Macht vernichtet und eine Ergänzung für ES (Gott) abgibt? Und für den Fall, daß solch eine spirituelle Macht entdeckt würde, bestünde dann die Möglichkeit, daß einige Übel sich in ihrer Anwendung so entwickeln würden, daß schließlich die Menschheit noch eine weitere Macht finden müßte, um die spirituelle Macht zu überwinden?

43

Wo liegt die Grenze? Wo endet das alles? Es endet, wenn man ES erreicht und in sich selbst weiß und ES durch Schauen oder direktes Wissen erfährt, und dadurch, daß man von den reinen positiven Gottwelten aus mit den Spirituellen Meistern arbeitet.

Wir müssen alles Verlangen nach dem Sichtbaren verlieren in dem Verständnis, daß wir nicht durch das leben,
was sichtbar ist, sondern durch das, was unsichtbar ist...

● **Die Heilung vollzog sich, wenn ich sie in die
Hände des Spirit legte, aus der Erkenntnis:
"Diese Situation ist nicht böse, und ist auch
nicht gut."**

● **Nur jene, die bereit sind, alle ihre Vorstellungen von Gott aufzugeben, ihre Träume, ihr Denken und ihre Darstellungen ruhen zu lassen,
geben Gott mit dieser vollständigen Hingabe die
Möglichkeit, sich ihnen zu offenbaren.**

Bewußtsein - einige halten es für die Seele, andere nennen es Gott. Es offenbart und bekundet sich als ein spirituelles Universum, in dem es keine Empfängnis und keine Geburt gibt. Mit anderen Worten, die Schöpfung ist reine Empfängnis aus Gott, die sich selbst als individuelle Identität offenbart, eine Identität, die sich in menschlicher, tierischer, pflanzlicher und mineralischer Form ausdrückt, so daß in Wirklichkeit Gott - Bewußtsein - die absolute Essenz und Substanz der Erde ist; selbst das, was in Gestalt von Steinen, Felsen, Sand und Erde auftritt. Genauso ist dieses gleiche Bewußtsein die Substanz unserer wahren Identität.

Alle Schriften des Menschen bekunden auf die eine oder andere Art, daß Gott Adam und Eva erschuf und sie in den Garten Eden setzte, inmitten von Vollkommenheit und Harmonie, umgeben allein von Güte, Liebe und Schönheit. Freude und Harmonie herrschten, bis etwas in dieses Eden kam, was es zerstörte, und Adam und Eva aus dem Garten vertrieb. Dieses Etwas ist mehr oder weniger immer ein Rätsel geblieben. Wie auch immer, im Garten Eden waren Adam und Eva nackt, aber sie waren sich ihrer Nacktheit nicht bewußt; sie hatten Körper, aber solange sie reinen Gemüts waren, gab es keine Scham für sie - Körper waren etwas ganz Normales, waren eine natürliche Sache; warum sollten sie sich ihrer schämen? Dennoch, als nächstes lesen wir, Adam und Eva schämten sich, weil sie wußten, daß sie nackt waren. Plötzlich hatte der Glaube an das Böse Einzug in ihr Gemüt gehalten, und sie begannen sich zu bedecken und sich zu verbergen. Was bedeckten sie, und wovor verbargen sie sich, wenn nicht, weil sie glaubten, das Böse existierte in ihrem Bewußtsein? "Die Frage erhebt sich", sagte Gott zu Adam, "wer hat dir eingeredet, daß du nackt bist?"

Die Jahre meiner Arbeit des Heilens mit dem blauen, weißen und goldenen Licht lehrten mich, die Bedingungen anzunehmen. Genau in dem Maße, in dem ich den Zustand oder den Menschen, der mir schreibt oder zu mir gebracht wird, für gut oder schlecht halte, wird es mir mißlingen, eine Heilung herbeizuführen. *Die Heilung vollzog sich, wenn sie in die Hände des Spirit gelegt wurde aus der Erkenntnis: "Dies ist nicht böse, und ist auch nicht gut."*

Warum? Weil Gott, das Sugmad, hier ist, und wo Gott ist, wo der Spirit des HU ist, dort ist Freiheit. Wir müssen lernen, ein ungläubiges Lächeln in unserem Innern zu

● Die Heilung vollzog sich, wenn sie in die Hände des Spirit gelegt wurde aus der Erkenntnis: "Dies ist nicht böse, und ist auch nicht gut."

47

lächeln, denn wir müssen uns daran erinnern, daß wir nur Schauspieler in einem Stück sind, und daher akzeptieren wir nicht, was einer sagt und tut und nehmen Erscheinungen nicht nach dem Erscheinungswert an.

Es ist wahr, wir müssen kritisch sein bei allem, was wir sehen, und wovon wir wissen, daß es negativ ist. Zuweilen müssen wir uns gegen etwas wenden; manchmal müssen wir uns gegen etwas aussprechen, und ab und zu müssen wir unsere Kinder korrigieren und sogar Erwachsene. Aber es muß geschehen, ohne daß wir von der Wirklichkeit dessen überzeugt sind, weil wir erkennen: "Ja, das ist die Erscheinungswelt, und die Menschen darin sind nicht zu diesem großen Geheimnis erwacht, daß es weder Gut noch Böse in einem Menschen, an einem Ort oder an einer Sache gibt." In einer Diskussion mit anderen müssen wir imstande sein, sie in der Runde anzublicken mit dem stillschweigenden Einverständnis, daß sie - Seele sind. "Ich weiß, daß es hier unter ihnen niemanden gibt, der böse ist, keinen bösen Gedanken, keinen Dieb, keinen Lügner." Das ist jedoch nicht genug. Wir müssen in unserm Denken noch ein wenig weitergehen und hinzufügen, "und es gibt auch niemanden hier in diesem Raum, der gut ist."

Wenn man in früheren Tagen etwas über Metaphysik las, war es für viele schwierig, vom Bösen "abzusehen", aber es ist bei weitem schwieriger, einen hohen Bewußtseinszustand zu erreichen, in dem wir fähig sind, über das Gute hinauszuwachsen - über gute Gesundheit und ausreichende Versorgung - und uns in den Bereich des Bewußtseins zurückzuziehen, wo wir, obwohl wir äußerlich ein normales Leben führen, innerlich die Überzeugung haben: "Ich werde Erscheinungen nicht akzeptieren - ich werde sie nicht akzeptieren. Ich weiß, Gott IST, und Gott allein IST. Es kann keine schlechten Umstände geben, und es kann keine guten Umstände geben. Es kann nur Gott geben, das Sugmad. Sugmad ist das chinesische Wort für Gott.

Jedesmal, wenn der Gedanke kommt: "Ich brauche dies, ich brauche jenes, ich mag dies, ich würde jenes gern haben, ich müßte dieses, ich müßte jenes haben," - muß unsere Antwort sein: "Der Mensch lebt nicht von Brot allein, nicht von Erfolg, nicht von der Schöpfung, sondern durch Spirit, durch den Schopfer, Sugmad, den einen Gott." Das muß eine ständige Realisation sein, bis wir unser Verlangen nach jemandem oder etwas, das im äußeren Bereich existiert, überwunden haben.

Wir müssen alles Verlangen nach dem Sichtbaren verlieren in dem Verständnis, daß wir nicht durch das leben, was sichtbar ist, sondern durch das, was unsichtbar ist, und dann werden wir dahinterkommen, daß das unendlich Unsichtbare die Personen, Dinge, Umstände und Bedingungen in unseren Erfahrungen herbeiführt, die für unser tägliches Leben hier auf diesem Planeten Erde notwendig sind.

Manche glauben, daß ein Gedanke an Gott in ihrem Verstand Gott sein könnte. Das würde ES, Gott, auf einen Ort festlegen und begrenzen. Erinnere Dich, Salomo erkannte, daß sogar der große Tempel, den er gebaut hatte, Gott nicht beherbergen konnte. Nichts ist groß genug, um Gott aufzunehmen. Nicht einmal die ganze Welt kann ES beherbergen, und dennoch bauen wir in unserer Vorstellung eine kleine Hundehütte, einen Taubenschlag und meinen, daß Gott dort hause; einfach weil wir Seinen Namen in die Begriffe Geist, Leben oder Liebe umgewandelt haben, um zu versuchen, ES greifbar zu machen in Gedanken, die wir meinen fassen zu können. Wie töricht das doch ist! Wie unmöglich ist es doch, eine Denkweise zu entwickeln, die universal genug wäre, Gott zu umfassen! Wir müssen uns mit dem Wissen zufrieden geben, daß Gott IST, und daß dafür Beweise vorhanden sind in dem Leben, das uns umgibt - im Gesetz der Zeugung von Nachkommenschaft, im Übermaß an Liebe in unserer Welt - so lieblos diese Welt auch manchmal zu sein scheint - in der unermeßlichen Schönheit einer Welt, in der täglich so viel Schönheit zerstört wird.

Was Gott wirklich ist, wissen sehr, sehr wenige, jedoch, es gibt viele, viele Wege, auf denen wir die Istheit Gottes beobachten und miterleben können; nicht durch Gotterkenntnis, sondern dadurch, daß wir die Auswirkungen Gottes wahrnehmen. Wir wissen nicht, wie Gott arbeitet, aber auf dem Unendlichen Weg haben wir entdeckt, daß Gott in der Stille wirkt, und wenn die Auffassung eines Menschen von sich selbst so demütig ist, daß er wirklich und ehrlich überzeugt ist:"Ich kann nichts aus mir selbst heraus tun", und wenn er dann noch die Geduld hat zu warten, wird sich Gottes Herrlichkeit offenbaren. *Nur jene, die bereit sind, alle ihre Vorstellungen von Gott aufzugeben, ihre Träume, ihr Denken und ihre Darstellungen ruhen zu lassen, geben Gott mit dieser vollständigen Hingabe die Möglichkeit, sich ihnen zu offenbaren.*

● Nur jene, die bereit sind, alle ihre Vorstellungen von Gott aufzugeben, ihre Träume, ihr Denken und ihre Darstellungen ruhen zu lassen, geben Gott mit dieser vollständigen Hingabe die Möglichkeit, sich ihnen zu offenbaren.

Wenn wir dieses Stadium der Aufnahmefähigkeit erreichen, reagieren wir nur entsprechend unserer Bereitwilligkeit, und unsere Bereitwilligkeit entsteht nur, wenn wir mit
all den verschiedenen Gottesvorstellungen, die die Welt
uns vermittelt, experimentiert haben. Der Gott der religiösen Welt, der metaphysische Gott, der Gott, den die
meisten glauben benutzen zu können, der Gott, der Dinge
kundtut, und jede Art von Gottheit der niederen Welten;
und wenn man aufhört zu versuchen, eine dieser Gottheiten zu benutzen und bereit ist, sich hinzugeben, bereit, die
Suche aufzugeben, und in dem Wort ruht: "Gott IST. Das
Sugmad ist mir Genüge, nicht Macht, nicht Gewalt. Der
Mensch soll nicht durch äußere Macht oder Dinge leben,
sondern durch das Wort."

Im ersten Kapitel der Genesis steht der Bericht über ein
spirituelles Universum, bevölkert von spirituellen Wesen,
die nicht auf der Basis von Auswirkungen leben, sondern
ursachengemäß, die nicht von Brot allein leben, die ihr
Leben nicht im Schweiße ihres Angesichts verdienen
müssen; wohingegen im zweiten und dritten Kapitel die
Kenntnis von Gut und Böse eine Art Trennung von Gott
herbeiführt, nach welcher der Mensch aufgrund von Macht
und Auswirkungen lebt. Er lebt von Brot, vom Geld, durch

den Herzschlag, durch das Sonnenlicht; er lebt von allen Annehmlichkeiten des Wohlstands, anstatt durch die Seele und ihren Schöpfer.

Merke Dir, die Wahrheit, daß es weder Gut noch Böse in irgendeiner Form gibt, ist das Geheimnis der Nicht-Macht; es ist das Geheimnis des Lebens, das die Menschen durch alle Zeitalter hindurch gesucht haben. Sie haben es als Suche nach Gott bezeichnet, nach dem Heiligen Gral. Aber wenn sie ihn fanden - falls das wirklich gelang - dann hatten sie begriffen, daß es in Wirklichkeit weder Gut noch Böse gibt. Wenn sie dieses Geheimnis entdeckten, dann hatten sie ihren Fuß in den Himmel gesetzt, weil sie die eigentliche Realität gefunden hatten. Es ist allein das Wissen um Gut und Böse, das jeden von der ersten wahren Welt Gottes fernhält, die ohne irgendeine Negativität ist, in der nur das reine Positive existiert.

7

Vertrauen

Das eine, was wir Menschen lernen müssen, ist, über die astralen und mentalen Gedanken und deren Kräfte hinauszugelangen und zuzulassen, daß der eine Gott uns führt. Dann werden wir nicht fehlgeleitet.

● **Es ist das unterschiedliche Verständnis, das uns individuell, aber auch Rassen und Länder gegeneinander aufbringt.**

● **Alle Meister, die ich getroffen, gesehen und mit denen ich zusammengearbeitet habe, legten anderen gegenüber keine Überheblichkeit an den Tag.**

Das Senfkorn, von dem Paul Twitchell spricht, bringt aus einem winzigen Einzelteil, dem, was in seinem Samen ist, sich ausbreitet, vervielfacht und entfaltet, eine vollendete

Blume hervor und kehrt zum Samen zurück durch ständige Vorbereitung. Wie vollzieht sich dieser Kreislauf?

Genau wie beim Menschen. Wenn wir durch die Meister mit Spirit in Berührung kommen und von ihnen spirituelle Führung erhalten, erwacht das göttliche Selbst, und wir erweitern unser Bewußtsein, vorausgesetzt, wir bringen die Mühe auf. Wir erhalten nur die Möglichkeit. Dann wird die innere Vision im Brennpunkt erscheinen. Wir sind jedoch nicht wie der Same einer Blume, der sich verbreitet, um ein winziges Abbild zu haben, um zu erscheinen und schön zu sein, dennoch sind wir. Wir Menschen müssen das Bild der Spirituellen Meister auf unserem inneren Bildschirm halten und tief in unserm Herzen tragen und es zulassen, daß der göttliche Spirit sich durch uns ausdrükken kann, welcher der Gott ist, der uns zu erreichen vermag.

Wenn wir als Seelen im sterblichen Gewand die Dinge selbst in die Hand nehmen, entstehen Probleme und Schwierigkeiten. Die Entfaltung und das Werden eines Samenkorns ist auch auf das Blühen und spirituelle Wachsen von uns Menschen übertragbar. Denn das gilt für alle Menschen aller Rassen und nicht nur für die

Es ist das unterschiedliche Verständnis, das uns individuell, aber auch Rassen und Länder gegeneinander aufbringt.

Meister oder einige wenige Auserwählte. Es ist bekannt, daß wir als Seelen gleich sind und nicht verschieden. *Es ist das unterschiedliche Verständnis, das uns individuell, aber auch Rassen und Länder gegeneinander aufbringt* . Die verschiedenen Ismen, Kulte und Philosophien haben alle ihren Ursprung in den Lehren der Meister, nur von verschiedenen Blickwinkeln aus, und man könnte von einer verwässerten Version sprechen.

Es wird in den Weisheitstempeln gelehrt, daß jeder auf seinem Weg schließlich mit den Spirituellen Meistern in Verbindung kommen wird und dann muß er sich selbst entscheiden, den nächsten Schritt zu tun. Jemand, der sich auf seinem Weg, bei seiner Kirche oder in seiner religiösen Lehre wohl fühlt, sollte zweifellos dort bleiben, bis diese innere Unrast, die tief in der Natur des Menschen wurzelt, danach strebt, mehr zu verstehen. Wenn das in einem Individuum zu erwachen beginnt, dann wird es suchen und verschiedene Schritte unternehmen, und endlich werden diese Schritte auf den Weg der Meister führen.

Denn die Menschheit weiß, daß es etwas gibt, daß über ihre gegenwärtigen religiösen Lehren und das, was diese anzubieten haben, hinausgeht. Das treibt sie dazu, alles zu besitzen, was sie nur kann, bis es nichts mehr zu besitzen gibt. Es ist interessant, daß der Mensch Gott nicht besitzen kann.

Der Mensch ist sich nicht bewußt, daß Gott ihm seine Ideen durch Spirit vermittelt. Er meint, es seien einzig seine Ideen. Das eine, was wir Menschen lernen müssen, ist, über die astralen und mentalen Gedanken und deren Kräfte hinauszugelangen und zuzulassen, daß der eine Gott uns führt. Dann werden wir nicht fehlgeleitet.

Auf meinen Reisen fragten mich einige: "Wie kommt es, daß ich nicht imstande bin, zu tun, was Du und die Spirituellen Meister tun?" Sie finden die Antwort im Inneren Tempel. Denn die eigentliche Frage lautet: Warum nicht alle diesem Weg folgen und Arbeit wie die Meister tun, die wir durch Einführungsvorträge erreichen und durch all die Bücher, die auf dem Markt sind? Warum tun es nicht all diejenigen, die eins von den Büchern, die wir in die Welt hinauszutragen versuchen, finden und es lesen?

Weder die Meister, noch jene, welche die Arbeit für Spirit aufnehmen, zwingen den Nichtinitiierten den Weg dieser

Lehren auf. Jedes Individuum hat die Freiheit, so zu leben, wie es möchte und nach seinen Wünschen einen Weg zu wählen und ihm zu folgen. Die Meister versuchen, den leichten Weg zu zeigen und die Einfachheit Spirits; und jene, die SEINE Botschaft verbreiten, sollten auch darauf achten und sich dessen bewußt sein, nicht über die Köpfe anderer hinweg zu reden und nicht zu versuchen, bei jeder Gelegenheit zuviel von sich zu geben.

● Alle Meister, die ich getroffen, gesehen und mit denen ich zusammengearbeitet habe, legten anderen gegenüber keine Überheblichkeit an den Tag.

Alle Meister, die ich getroffen, gesehen und mit denen ich zusammengearbeitet habe, legten anderen gegenüber keine Überheblichkeit an den Tag. Alle waren einfach in ihrer Art und direkt. Doch sie waren freundlich und immer sehr gepflegt. Und sie waren logisch in jedem ihrer Worte. Sie waren einfache Menschen, obwohl sie Übermenschen waren und sind. Dennoch argumentierten sie nicht über jede Kleinigkeit, noch hatten sie an allem etwas auszusetzen. Aber wenn ihnen etwas logisch dargelegt wurde, dann willigten sie in den Plan zu einer Unternehmung ein.

Ich habe bereits früher geschrieben, daß mir bei Gesprächen mit verschiedenen Meistern, mit denen ich zusammentraf, auffiel, während ich mit ihnen reiste und die Arbeit tat - und ich werde die Arbeit weiter tun - daß

ihre Kleidung niemals schmutzig wurde, bis ich erfaßte,
daß für den, der vom göttlichen Spirit erfüllt ist und sich
ihm ohne Vorbehalte hingibt, alle Dinge am rechten Platz
sind und auch zur Hand sein werden.

Es geschah viele Male, wenn ich reiste, um das Wort zu
verkünden, daß mein Hemd nicht schmutzig war, wenn ich
nach Hause zurückkehrte. Ich hatte mich so sehr darauf
eingestellt, daß ich nur noch mit einem Aktenkoffer ver-
reiste. Darin befanden sich ein Reservehemd, ein zusätz-
liches Paar Socken und eine zusätzliche Unterhose, was
so in meinen Aktenkoffer paßte, plus Zahnbürste und
Rasierzeug. Aber das alles hat sich geändert, denn ich
muß nun weit jenseits der Mentalwelten arbeiten.

Wenn Du von einem Spirituellen Meister während der
Kontemplation, im Traum oder in persönlicher Gestalt
besucht wirst, läßt er Dich von überaus tiefer Liebe erfüllt
zurück, die er Dir hat zuteil werden lassen. Wenn Du
einen von ihnen fragst, falls Du die Gelegenheit dazu
erhältst, wie das alles möglich ist, werden sie Dich wissen
lassen, daß es Spirit im Innern ist, dem es möglich ist, frei
durch sie hindurchzufließen und das Werk zu vollbringen.

8

Das dynamische Gesetz des Spirit

Es gibt die kleinen täglichen Wunder, die zu vollbringen wir sofort beginnen können; sie betreffen Deine Gesundheit, Deine Arbeit...

- **Die Seele in Dir ist eine große Kraft, wenn sie richtig eingesetzt wird.**

- **Mache einen Entwurf von den Zielen oder Dingen, die Du erreichen möchtest.**

- **Um irgendeine Art Materie zusammenzusetzen, muß die menschliche Vorstellung eine Form oder ein Wunschbild haben, worauf sie bauen kann.**

● **Der Gebrauch positiver Worte verstärkt Deine Kraft, wenn Du Dir das gern so vorstellst.**

In diesem Kurs werde ich über einige sehr grundlegende Prinzipien sprechen, die das Individuum mit Spirit verbinden. Ich bin sicher, die meisten von Euch haben über diese Prinzipien entweder gelesen, gehört oder kennen einige davon. Sie haben in der Vergangenheit darüber gelesen; doch neigen sie dazu, sie zu vergessen oder haben nicht die Fähigkeit entwickelt, sich automatisch an gewisse Prinzipien oder Gesetze Spirits zu halten, denn der Verstand ist ein Werkzeug und ein sehr schlechter Meister. Die meisten von uns versuchen, einen Weg zu Glück, Gesundheit und Wohlstand in diesem Leben zu finden, sowie einen Weg, Menschen zu erreichen, die bereit sind, ein wenig Zeit aufzubringen, ihr spirituelles Leben zu stärken.

Ich beginne damit hervorzuheben, daß *die Seele in Dir eine große Kraft ist, wenn sie richtig eingesetzt wird.* Es gilt zu lernen, sich der Seele oder des Inneren Meisters als einer wunderbewirkenden Kraft innerhalb dieses Universums zu bedienen. Jeder Mann und jede Frau kann sie

● **Die Seele in Dir ist eine große Kraft, wenn sie richtig eingesetzt wird.**

sich erschließen und sie für jeden Zweck im Leben anwenden. Diese Quelle der Kraft fließt durch die gesamte Schöpfung, alle Welten, alle Universen. Sie erschafft und erhält alle lebenden Dinge. Wir wissen, sie stammt von Gott, von dem einen Sugmad. Sie ist die eine Intelligenz, die unter gewissen dynamischen, mentalen und spirituellen Gesetzen arbeitet.

Indem Du lernst, wie man diese Kraft des Spirit erkennt und beginnst, ein Träger für sie zu werden oder ES durch Deine eigene Seele zu leiten, kannst Du buchstäblich ein geheimer Beauftragter Gottes werden.Wie ich schon früher in einem anderen Kurs dargelegt habe, wird diese höhere Kraft von einigen "Spirit" oder "Gott" genannt. Andere nennen sie das "kosmische Bewußtsein" oder "göttliches Bewußtsein". Wie auch immer Du diese göttliche Kraft in jeder der niederen Welten nennen willst, die Tatsache bleibt bestehen, daß der Mensch niemals diese gewaltige, kreative Intelligenz ganz erfassen kann. Aber er kann ES anwenden, um jeden Tag - wie wir sagen - Wunder der Gesundheit, des Wohlstandes, der Liebe, der Erfüllung und des inneren Friedens zu bewirken.

Im Verlauf der Geschichte hat es große und erleuchtete Seelen gegeben, die fähig waren, diese Kraft des Spirit anzuwenden, um scheinbare Wunder zu vollbringen. Diese bedeutenden Männer und Frauen machen von dieser Kraft des Spirit Gebrauch, die im Universum vorhanden ist und die jeder benutzen kann, wenn er lernt, wie er diese spirituelle Kraft in seinem eigenen Bewußtsein fokussieren kann. Es gibt große Wunder, wie Kranke zu heilen und dem Inter-Meister bei der Arbeit Gottes zu helfen. Doch dies sind nicht die einzigen Wunder, um die es uns im Zusammenhang mit diesem spirituellen Studium geht. Da gibt es die kleinen täglichen Wunder, die zu vollbringen wir sofort beginnen können. Sie betreffen Deine Gesundheit, Deine Arbeit, und sie helfen Dir, hier im Physischen ein gewisses Maß an Glück in Liebe und Ehe zu finden und Dein Bewußtsein von Verwirrung, Zwiespalt und Traurigkeit zu befreien, so daß Du inneren Frieden finden kannst, ebenso wie ein Dach über dem Kopf und Nahrung - nach menschlicher Denkweise - ein gewisses Maß an Sicherheit.

Du kannst lernen, indem Du eine spirituelle Technik benutzt, der leichte Weg genannt, über die ich in *"Das Atom"* geschrieben habe. Auch Du kannst ein Wundertäter für

Gott werden, und zwar dadurch, daß Du den spirituellen Zauberstab des Vertrauens hebst und aus dieser Substanz Deiner Gedanken und inneren Träume die Dinge schaffst, die Du Dir für Dein Leben wünschst. Denn die Verpflichtungen für Deine Lieben und für Dich selbst stehen an erster Stelle; dann erst verwende die Zeit, die Du erübrigen kannst darauf, entweder eine Diskussionsklasse zu halten oder jemanden auf persönlicher Basis zu einem Buch zu führen, sowie darauf, Deine Fähigkeit zu entwickeln, ein geheimer Beauftragter Gottes zu werden.

Es besteht ein dynamisches Gesetz des Spirit, welches besagt, daß man das, was man erreichen möchte, sich zuerst mental vorstellen muß. Wir lernen, daß Spirit siegt, regiert und herrscht, daß nichts im Leben den Sieg davontragen kann, wenn es nicht das Element des Spirit in seinem ureigenen Wesen enthält. Für das, was man in seinem spirituellen Leben oder physischen Leben erreichen möchte, muß man zuerst einige der elementaren Schritte zum Erfolg im Auge behalten. Diese Schritte wurden von einigen religiösen Orden gelehrt, von Metaphysikern, ebenso wie von Wirtschaftsmagnaten.

Die drei Schritte, mit denen man in seinem eigenen Verstand arbeiten und die man täglich tun muß, sind:

1.) *Mache einen Entwurf von der Sache (den Dingen) oder dem Ziel (den Zielen), die Du erreichen möchtest.* Stelle sie Dir bildhaft vor; das heißt, überprüfe sie in allen Einzelheiten zuerst in Gedanken. Dann setze Dich hin, und schreibe den Plan im einzelnen auf. Auf diese Weise kann ein Meister ihn überprüfen und Dir helfen, wenn er dem Wohl des Ganzen und der Aufgabe Deines Lebens dient. Denke daran, die Meister arbeiten in der unsichtbaren Gestalt; Du wirst sie nicht sehen.

● **Mache einen Entwurf von den Zielen oder Dingen, die Du erreichen möchtest.**

2.) Praktiziere "Den Leichten Weg". Setze Dich ruhig in Stille hin, jeden Morgen zur gleichen Zeit oder abends oder nachmittags, das ist unwesentlich, und frage den Inneren Meister oder wenn Du Dir ES als Seele im Inneren denkst, wegen der Schritte, die Du unternehmen solltest, um Dein Ziel und die Dinge, die Du für Dein Leben erbittest, zu erreichen.

3.) Stelle dir bildhaft vor, selbst diese Dinge zu tun, so als ob ein mentaler Film auf dem inneren Bildschirm projiziert wird. Das heißt, Dinge in Gedanken zu sehen, bevor sie tatsächlich in der äußeren Welt geschehen.

Der äußere Beweis erfolgt auf die Dinge und Ziele, die Du mental projiziert hast. Sie stellen sich in Deinem Leben so dar, als wären sie wirklich geschehen. Jetzt mußt Du danach handeln, aber gebrauche Deinen gesunden Menschenverstand. Sobald Du es projiziert hast, laß es bis zur nächsten Übung los, denn es ist sehr schwierig, es während Deiner Arbeit einen Vierundzwanzig-Stunden-Tag lang im Bewußtsein zu behalten, wenn Deine Aufmerksamkeit beim Kochen sein sollte, bei Büro- oder Öffentlichkeitsarbeit irgendeiner Art, je nachdem, worin Deine berufliche Tätigkeit besteht.

Der mentale Traum, den Du hast, wird zu einem Entwurf, der aus dem Unbewußten all die Elemente zusammenzieht, die zur Erfüllung Deines Traumes gehören. Wirklichkeit ist nur eine äußere Manifestation der inneren Träume oder des inneren Traumes, den wir individuell haben.

Ich glaube, es war Einstein, der durch seine Relativitätstheorie bewies, daß mentale Energie sich in ihr exaktes physisches Äquivalent umwandeln läßt, und daß umgekehrt alle Materie sich wiederum in ihren unsichtbaren Gegenwert zurückverwandeln läßt.

Nimm einen Wolkenkratzer oder eine Brücke, die als solide Wirklichkeit erscheinen. Es handelt sich dabei nur um eine Massierung vibrierender Atome, und sie werden von der unsichtbaren Kraft des Spirit zusammengehalten. Man nennt sie Schwerkraft. Wenn diese Atome verschwinden oder zerfallen, dann kehren sie in ihren Urzustand zurück, sei es nun Erde oder irgendein anderes physisches Objekt, bzw. Atom. Sie verschwinden. Warum können wir sie nicht sehen? Wegen ihrer Schwingung.

Um irgendeine Art Materie zusammenzusetzen, muß die menschliche Vorstellung eine Form oder ein Wunschbild haben, worauf sie bauen kann. Das Wunschbild kann jede Form annehmen, ähnlich der einfachen Idee, die der Mensch hatte, als er einen Stein den Berg hinunterrollen sah. Erinnere Dich daran, daß Wissenschaftler das Rad die bedeutendste Erfindung aller Zeiten nannten. Das Rad entstand natürlich nach dem Vorbild jenes herunterrollenden Steines, wurde später an einem Karren befestigt und an allen Geräten des Raumfahrtzeitalters. Man kann

● **Um irgendeine Art Materie zusammenzusetzen, muß die menschliche Vorstellung eine Form oder ein Wunschbild haben, worauf sie bauen kann.**

67

zurückschauen in die Zeit der frühen Flugmodelle, wo der Mensch träumte, mit Flügeln von einem Hügel oder Gebäude herunterzuspringen. Diese Träume entwickelten sich zur gegenwärtigen Transportform des Menschen, der des Flugzeugs, des Raumfahrzeugs, etc..

Diese Träume brauchten Zeit, bis sie sich umsetzen konnten. Das zeigt uns, daß man Geduld üben muß, indem man losläßt und Spirit gestattet, individuell mit uns zu arbeiten. Lerne, wie man konstruktiv tagträumt, um die Welt Deiner Wahl zu kreieren. Die Schritte, über die Du gerade gelesen hast, beinhalten die Kunst, mit Spirit zu arbeiten, und sie können Dir aufzeigen, wie Du jenen anfänglichen Tagtraum von seiner ersten Konzeption der Idee zu vollständiger Erfüllung zu bringen kannst, die wir alle Realität nennen, was hier auf der Erde wirklich eine Illusion ist.

Die Sprache der Seele ist so wirklich wie die Sprache, die die Menschheit benutzt, um mit den Mitmenschen zu kommunizieren. Sie kann sich jedoch auf viele Arten ausdrücken; sie ist Musik, und zwar Musik, die man hören kann, ohne daß sie auf den Instrumenten der Menschen gespielt wird. Sie ist bei weitem großartiger als von Menschen hervorgebrachte Musik. Man nennt sie den hörbaren Lebensstrom, das Shabda, das Bani. Wenn Du den göttlichen Spirit im Innern bitten willst, Deine Wünsche und Bestrebungen zu verwirklichen, mußt Du diese Methode der spirituellen Kommunikation benutzen, um die dynamische Energie dieses höheren Zustands des Spirit auszulösen. Du mußt darauf achten, daß die Worte, die Du bei dieser spirituellen Kommunikation gebrauchst, die richtigen sind.

Es gibt zwei Zustände des Bewußtseins, die repräsentativ für die folgenden gegensätzlichen Wörter sind. Behalte sie täglich im Gedächtnis, so daß, wenn eines auftaucht, das negativer Natur ist, Du es sofort durch ein positives ersetzen kannst. Diese Wörter sind: LEBEN - Tod; FRIEDEN - Krieg; REICHTUM - Armut; GUT - Böse; GESUNDHEIT - Krankheit; JUGEND - Alter; FREUDE - Trübsal; SCHÖNHEIT - Häßlichkeit; LIEBE - Haß; ZUVERSICHT - Furcht; VERTRAUEN - Lügen.

Wenn Du mit Spirit arbeitest, um Wunder zu bewirken, mußt Du sicher sein, Dich dem Inter-Meister oder der Seele mit positiven Worten zu nähern, die lebensspendende und heilende Qualitäten haben. Solltest Du in

Worten mit negativer Bedeutung, in negativer Ausdrucksweise etwas erbitten, setzt Du damit mentale und chemi-
sche Kräfte in Dir selbst frei, die Deine Energie abbauen
und negative und zerstörerische Umstände in Deinem
Leben bewirken.

Das bringt mich auf die gegenwärtige Situation zwischen
mir und anderen. Die vergangenen etwa eineinhalb Jahre
sind mir von anderen aufgezwungen worden. Ich habe diese Situation in meinem eigenen persönlichen Leben nicht
verursacht.* Nur um Dir ein Beispiel zu geben: Ich habe
versucht, immer die positiven Kräfte zu gebrauchen. Die
niederen Kräfte, die negativen, sind die Werke des Kal.

Wenn Du die spirituelle Form der Kommunikation mit
dem Inter-Meister und der Seele praktizierst, die sich im
Zentrum Deines Seins befindet, mußt Du positive Worte
denken und sprechen, und Du wirst Wunder in Deinem
Leben haben, so wie Spirit sie bestimmt. Während Du
immer stärker darin wirst, diese kreative Technik des
leichten Weges in Deinem Leben anzuwenden, wirst Du
überrascht sein, wie schnell und leicht Dir alle Kräfte der
Natur helfen.

* Dieser Abschnitt bezieht sich auf den Zeitraum 1983 - 1985
(Anm. d. Übers.)

Der Gebrauch positiver Worte verstärkt Deine spirituelle Kraft, wenn Du das von dieser Seitebetrachten willst. Konzentriere Deine spirituelle Kraft in Dir, indem Du Deine Gedanken zu positiven Mustern anstelle von negativen organisierst. Denke daran, Gedanken sind Dinge. Du bewirkst die äußeren Umstande in Deinem Leben durch Deine innerern Gedanken. Jeden Tag beim Praktizieren des leichten Woges, bei Dolner spirituellen Übung, denke in positiven Gedanken, wie gute Gesundheit, Glück, Frieden, Wohlstand und Freude.

● **Der Gebrauch positiver Worte verstärkt Deine spirituelle Kraft, wenn Du das von dieser Seite betrachten willst.**

Mache es Dir zur Gewohnheit, alle negativen Worto aus Deinem Vokabular auszumerzen und sie allein durch positive Worte zu ersetzen. Mache dir die Gewohnheit zu eigen, Dinge zu sagen, die positive Anschauungen ausdrücken, etwa wie: Ich bin gesund; ich bin glücklich; es wird mir gelingen; ich kann das machen; ich habe meine physischen Probleme bewältigt.

Übe Dich darin, Deinen Energiezustand anzuheben, indem du die positiven Worte benutzt, die Du unablässig wiederholen mußt, oder mache Dir eine Liste davon, und hänge sie an die Wand Deines Schlafzimmers, Wohnzimmers oder sogar Deines Büros. Ich habe das immer so

71

gemacht. Worte wie Liebe oder Zuversicht, Erfolg, Glück, gutes Gelingen, Gott, Friede, Harmonie, Brüderlichkeit, Vergeben und Vertrauen.

Die Männer, die all die verschiedenen Länder gegründet haben, die wir für bedeutungsvoll halten, haben die gesamte Geschichte hindurch immer diesen Weg benutzt, um einen positiven chemischen Ablauf im Verstand und Körper zu erzeugen, indem sie magnetisch aufgeladene positive Worte benutzten, die ihnen halfen, die spirituellen Energiezustände ihres Bewußtseins anzuheben.

Während Du daran arbeitest, Dein kreatives spirituelles Bewußtsein zu entfalten, mußt Du ähnlich wie ein Schauspieler üben, der für eine Fernseh- oder Filmrolle probt. Eine Möglichkeit, dies zu tun, besteht darin, sich zu Hause oder im Büro vor einen Spiegel zu stellen und die positiven Worte mit fester und selbstsicherer Stimme zu üben. Du kannst Dir Deine eigene Formulierung ausdenken, etwa wie: "Mir steht das Beste zu Gebote, was das Leben zu geben hat, ich erwarte Achtung von jedem, dem ich begegne." Aber sei nicht enttäuscht, falls man Dir nicht die Achtung erweisen sollte, die Du glaubst erwarten zu können, denn es gibt jene, die direkte Vertreter für die negative Kraft sind.

Denke daran, die Aufmerksamkeit bei Deiner täglichen spirituellen Übung zu fokussieren. Der Hauptgrund, warum die meisten Leute im Leben scheitern, besteht darin, daß sie nicht fähig sind, die spirituelle Kraft von innen heraus, vom inneren Tempel oder von ihrem Verstand ausgehend auf die Erreichung ihrer Lebensziele zu fokussieren. Die spirituelle Kraft ist jederzeit in ihnen. Was man lernen muß, ist, wie man sie zu einem beständigen, strahlenden und dynamischen Energiestrom gestaltet, der alle Hindernisse auflösen und vollkommene Erfüllung Deines Traumes bringen kann, wie auch Erfüllung für das Wohl des Ganzen.

9

Der Göttliche Spirit gewinnt immer

Diesen Bereich nennt man die Schwelle zum Himmel. Die Schwelle zu betreten, darüber hinauszugehen und in die himmlischen Ebenen zu gelangen, kann oftmals eine Erfahrung sein, die zum Erwachen führt.

● **Je mehr der einzelne Spirit gibt, umso mehr wird Spirit von ihm verlangen.**

● **Denn manche Leute lassen es zu, daß sich die Kritikfähigkeit in ihrem Innern schneller entwickelt als die göttliche Kraft.**

● **Darauf folgt der brennende Wunsch, mit Spirit eins zu werden, damit ES uns als Kanal benutzen, sich so ausdrücken und dadurch andere erreichen kann.**

Während der letzten zwanzig Jahre sind die meisten derjenigen, die die spirituellen Lehren von Paul Twitchell, die Lehren der Uralten Meister studierten und diesem Weg gefolgt sind, verschiedenen Grenzbereichen des Unbekannten nahegekommen, dem, was vom Menschen als Himmel bezeichnet wird. Der Himmel ist jedoch unsichtbar. Er ist eine Ebene, die für das bloße Auge, das physische Auge, unsichtbar ist. Einige haben diese Ebene betreten, leben ihren Gesetzen gemäß und arbeiten aber noch immer auf der physischen Ebene in ihrem physischen Körper. Doch die meisten übersehen die subtile Soite des Spirit und versuchen, die äußeren Umstände, die ihr Leben betreffen, nur mit ihren Augen zu sehen.

Man muß die Atomstruktur verstehen, nicht einen besonderen Typus, denn es gibt davon verschiedenartige Typen, die mit unterschiedlichen Frequenzen und Farben schwingen. Die Wissenschaft der Atomstruktur ist, ebenso wie die des Denkens, keine statische Größe, denn sie verändert sich ständig und entwickelt sich laufend weiter, und es fließen Atome durch jedes einzelne menschliche Wesen. Wenn sich nun die Wahrnehmungsfähigkeit Deines Bewußtseins steigert, wird es leichter, Spirit aufzunehmen. Die unsichtbare Form der Atome, die den einzelnen als Transformator oder Kanal benutzt, wird zum Werkzeug, um Lebensformen zu schaffen. Man wird allmählich zu Spirit.

Wenn man dem Inneren Meister folgt und auf den Meister seiner Wahl schaut, lernt man, Spirit so zu vertrauen wie Spirit uns vertraut. Im gegenseitigen Vertrauen werden dann beide zu Partnern im Leben. Denn an diesem Punkt findet man heraus, daß es die Grenzen waren, die einen davon zurückgehalten haben, in das Königreich der reinen positiven Gottwelten oder in die himmlischen Welten zu gehen. Man lernt zu verstehen, daß dieser Bereich die Schwelle zum Himmel genannt wird. Die Schwelle zu betreten, darüber hinauszugehen und in die himmlischen Welten zu gelangen, kann oftmals eine Erfahrung sein, die zum Erwachen führt.

An diesem Punkt beginnt man zu verstehen, was der Himmel für uns bereithält, ist aber nicht imstande, die äußeren Dinge dieses Lebens loszulassen, um in jene himmlische Glückseligkeit des Lebens einzutreten. Wenn Du das Äußere losläßt, ist das nicht gleichbedeutend damit, Deinen Verantwortungen im Physischen auszuweichen, ganz gleich ob es sich nun um Deine Eltern, den Sohn, die

Tochter oder um die Ehefrau, den Ehemann und die Familie handelt. Denn an diesem Punkt versuchen manche, das Äußere loszulassen und sich all ihrer Verantwortungen zu entledigen, was aber völlig falsch ist. Ein solcher Mensch ist unstet, und in seiner schrecklichen inneren Angst weiß er nicht, was geschehen wird. Er ist nicht ausreichend vorbereitet durch den hörbaren Lebensstrom, und oftmals wird er, wie man sagt, abspringen, weil er fürchtet, er könnte das Äußere völlig verlieren. Der Wunsch nach jenem göttlichen spirituellen inneren Leben ist aber so übermächtig, daß ein ständiger Kampf in seinem Inneren tobt. Es ist ein Krieg zwischen dem kleinen Selbst und Spirit, und manchmal hat das verheerende Auswirkungen auf den Körper.

Doch wenn der Sucher diese Schwelle erfaßt und verstanden hat und jenseits davon arbeitet, wird Spirit ihn niemals loslassen und immer den Sieg davontragen. *Je mehr der einzelne Mensch Spirit gibt, umso mehr wird Spirit von ihm verlangen.* Es gibt einige, die, obwohl sie in diesem Leben Atome sind, dem göttlichen Spirit ihr Leben nicht anvertrauen können, damit Er es mit Sorgfalt gestalte. Sie leben in der Illusion von Besorgnis, Angst und Mißtrauen. Solche Menschen werden sich Spirit nicht anver-

● **Je mehr der einzelne Mensch Spirit gibt, umso mehr wird Spirit von ihm verlangen.**

trauen, damit Er ihr spirituelles Leben in die Hand nehmen und es zum Wohle des Ganzen leiten kann. Im Physischen dagegen regeln wir unser äußeres Leben selbst, übernehmen Verantwortung für unsere Familie, in der eigenen Stadt, unserem Land und in unserer Welt.

Viele in der heutigen Welt glauben nicht an Wunder, wenn auch durch die Wunder, die täglich geschehen und schon vor der Zeit Jesu geschahen, immer mehr Menschen mit den Gesetzen des Spirit vertraut werden und ihrem spirituellen Ratgeber erlauben, sich ihres spirituellen Lebens anzunehmen, wobei sie erkennen, daß der Spirit Gottes durch jeden einzelnen fließt. Die Situation ist: Als Atome hier in dieser Welt müssen wir individuell ein starkes Verlangen entwickeln alle Zweifel auszulöschen; das geschieht, wenn Vertrauen in uns einzieht und wir auf eine solide Kontrolle und Ausrichtung unserer Denkweise achten. Darüber hinaus brauchen wir die Bereitschaft, ein Leben in Disziplin und Balance auf dem mittleren Weg zu führen. Auf diese Weise wird man von Enttäuschungen und Rückschlägen emotional nicht berührt.

Der intellektuelle Mensch in unserer modernen Gesellschaft empfindet es als schwierig, ein reiner Kanal für den göttlichen Spirit zu werden. Das trifft jedoch nicht für alle zu, denn einige Menschen fassen sehr schnell auf und gehen sehr schnell mit, und auch andere, mit hohem intellektuellen Niveau, stellen fest, daß sie, sobald sie die Grundregeln verstehen und verstehen, was gesagt wird, sehr schnell über die Schwelle gelangen. Und das tritt ein, wenn sie verstehen, daß Gott Spirit ist, ewig und überall ist und sich niemals verändert hat und auch erkennen, daß Gebete seit Jahrtausenden, alle Zeitalter hindurch angewendet wurden. Und was in der Vergangenheit wahr gewesen ist von Gott, ist auch heute wahr, jetzt in diesem Augenblick. Wenn es für einige wahr ist, ist es dann nicht für alle wahr? Aber nicht alle begreifen Spirit gleichermaßen, geschweige denn Gott.

Wer mit der Umsetzung der Lehren, die von Paul Twitchell dargelegt wurden, Schwierigkeiten hatte, fand heraus, daß seine kritische Haltung, seine kritische Art, das Hindernis darstellte; *denn manche Leute lassen es zu, daß sich die Kritikfähigkeit in ihrem Innern schneller entwickelt als die göttliche Kraft.* Das ist der Vertrauensfaktor beim einzelnen Menschen, geradeso wie bei Kindern. Denke daran, das Gebet hat den Effekt einer Kettenreaktion und wirkt mit Anziehungskraft auf den Bereich des

● **Denn manche Leute lassen es zu, daß sich die Kritikfähigkeit in ihrem Innern schneller entwickelt als die göttliche Kraft.**

79

Unsichtbaren, und manche vergessen, daß es nicht nur eine stärkende, sondern auch eine mehrende Wirkung auf das Leben jener ausübt, die das Gebet anwenden und es richtig anwenden: Zum Wohle der ganzen Menschheit; und nicht in egoistischer Weise, für eine kleine Gruppe, ein Individuum oder eine Rasse.

Seit meiner Jugend bis heute habe ich gelernt und herausgefunden, daß man das Gebet niemals benutzen sollte, um andere Leute oder einzelne Menschen zu beeinflussen, sondern dazu, die Herzen anderer zu erreichen und einen Zustand der Harmonie zwischen Nahestehenden, Freunden oder Mitarbeitern herzustellen. Ob man nun kontempliert oder das Gebet benutzt, das große Wunder ist jenes Gott-mit-Mensch und, daß es unsere Sache ist, uns mit dieser innewohnenden göttlichen Substanz zu vereinigen, und nie nach Wegen zu suchen, unsere Gedanken zu verbannen, die nicht im Einklang mit dem Spirit Gottes und Seiner Macht sind.

Es geht jedoch darum, dieses Gott-mit-Mensch zu verstehen, dem Spirituellen auf den inneren Ebenen zu folgen, dem Inneren Meister spirituell zu gehorchen und sein

Leben im Äußeren zu leben, wie man es möchte, mit gesundem Menschenverstand inmitten der Regeln und Vorschriften, die durch menschliche und spirituelle Gesetze festgelegt wurden. Wenn wir jenen Richtlinien folgten, würden wir großartige Wunder bewirken, und doch wäre es so selbstverständlich wie zu atmen. Es wäre weder wunderbar, noch ein Wunder, es wäre eine alltägliche Routine. Denn sobald wir den göttlichen Atomen, die wir Spirit nennen, erlauben durch uns zu fließen, die wir individuelle menschliche Wesen sind, können sich solche Wunder täglich in unserem Leben ereignen.

Doch muß der einzelne, der die Atome durch sein Sein fließen läßt, inneres Wissen haben. Er darf nicht darauf aus sein, in Abhängigkeit von Wundern zu leben oder danach Ausschau zu halten, denn sie sind subtil, und sie werden geschehen, wenn Du Dich öffnest, um ein reiner Kanal für die Atomstruktur Gottes zu werden. Die Männer dieser Welt, die Priesterschaft und die Politiker, haben immer Regeln und Gesetze für ihre Mitmenschen aufgestellt, damit sie danach leben. Doch die Avatare, Heiligen und Mystiker haben immer stillschweigend eine Anzahl ungeschriebener Gesetze einbezogen. Allerdings beinhal-

81

ten sie nicht dasselbe, was die Meister lehren, denn auch ihre Gesetze und Richtlinien sind nicht schriftlich niedergelegt.

Ein Beispiel: Ein Jünger Jesu erklärte, daß er die Wahrheit nur zum Teil verkünden könne. Nun, was er wahrscheinlich gemeint hat, ist, daß er nicht die gesamte Wahrheit verkünden konnte, und daß die Menschen dieser Welt sie nicht begreifen könnten. Denn zu allen Zeiten war der Mensch dazu nicht fähig. Warum? Jeder von uns versteht in unterschiedlicher Weise; auch befindet sich jeder von uns auf einer anderen Stufe spiritueller Bewußtheit.

Der einzelne muß tief empfinden, was er weiß; dann kann Spirit frei durch ihn fließen. Wir glauben nur das, was wir mit unserem ganzen Sein wissen. Diese Aussage eines alten Sprichworts müssen wir tief in unsere Überzeugung aufnehmen. Es ist wahr, wenn deine Gedanken aus dem tiefsten Inneren dieses Seins kommen, werden sie schließlich Form annehmen und sich manifestieren. Das Erkennen und Verwirklichen von Wahrheit machen bewußt, daß Spirit und Gott unwandelbar und immer gut gewesen sind. Durch diese Erkenntnis entsteht die Bewußtheit, daß ES Deine Existenz zuläßt; sonst würdest Du hier im Physischen nicht sein.

Darauf folgt der brennende Wunsch, mit Spirit eins zu werden, damit ES uns als Kanal benutzen, sich so ausdrücken und dadurch andere erreichen kann. Um diesen Punkt zu erreichen, muß man wissen, daß Spirit Liebe ist. Um ES anderen geben zu können, ist Liebe der Weg der Verwirklichung hier auf Erden und überall in den niederen Welten.

● **Darauf folgt der brennende Wunsch, mit Spirit eins zu werden, damit ES uns als Kanal benutzen, sich so ausdrücken und dadurch andere erreichen kann.**

Wenn wir nach dem Wissen über das Sugmad (Gott) streben, müssen wir zuerst Spirit verstehen, denn Leben ist Spirit, und da ES Spirit ist, hat ES nichts Anderes als Intelligenz, denn es besitzt die Fähigkeit, alles zu durchdringen, Kreativität wahrzunehmen, Liebe und Schönheit, und ES ist der Ursprung der Ethik. ES ist ebenso die gestaltende Kraft aller Universen des HU.

Der Mensch hat ES studiert, über ES geschrieben, zu IHM gebetet und kann trotzdem nicht SEIN gesamtes Wissen erlangen. ES kommt herab aus den höheren Ebenen der reinen positiven Gottwelten. ES ist das Mittel, das Gott benutzt, um jede der unteren Welten zu durchdringen.

83

Denn ES fließt in einem mehr oder weniger großen Ausmaß durch jeden von uns. Sogar die Kieselsteine am Meeresstrand sind durchdrungen von dieser göttlichen Substanz.

Diese Substanz, für die wir ein Kanal werden wollen, fließt tief in unserem Inneren in unseren Gedanken und Gefühlen; denn Spirit benötigt tatsächlich Träger, die fähig sind, selbständig zu denken. Die manifestierte Seele ist die individualisierte Daseinsform des Spirit, die über freien Willen verfügen muß, um ihre eigenen Meinungen zu bilden. Es muß ihr freistehen, ihre eigene Intelligenz und Vorstellungskraft wahrzunehmen und zu entwickeln.

Verbreite Gedanken der Liebe, die aufbauend sind, und guten Willen und vor allem: Leben, Liebe und Lachen.

● Während wir auf der spirituellen Leiter des Lebens vorankommen, wird uns die Illusion von Erfolg, einigen die des Mißerfolgs, als eine der stärksten Verzerrungen bewußt.

● Denke jedoch daran, daß Konzentration etwas Anderes ist als Kontemplation.

● Die folgenden Schritte können Dir helfen, spirituelle Meisterschaft zu erlangen; es ist jedoch Dir überlassen.

In unserer Welt und unserem Universum müssen wir auf die Tatsache gefaßt sein, daß, während wir durchs Leben gehen, fast täglich Prüfungen auf diesem direkten Weg zu Gott stattfinden. Bis zu einem gewissen Grad trifft das ebenso zu für jede spirituelle Lehre oder jeden spirituellen Weg in dieser Welt. Paul Twitchell lehrte mich, und ich erinnere mich daran, wie er auch von der Bühne aus darlegte, daß, wenn Du ein auch noch so geringes Maß an Glückseligkeit während des Tages erlebst, Du es Dir bewahren solltest; denn es gibt Leute da draußen, denen es nicht gefällt, wenn jemand anderes glücklich ist.

Wir leben in einer äußerst feindseligen Welt und müssen ständig wachsam sein; denn das reine weiße Licht ist immer gegenwärtig; allerdings müssen wir auch wissen, wie wir es zu unserm Wohl anwenden können. Das ist sehr grundlegend. Wir sollten das gelernt haben, lange bevor wir den direkten Weg zu Gott betreten. Es obliegt jedem einzelnen von uns, die Initiative zu ergreifen und mit dem leichten Weg zu arbeiten, um nicht nur diese Welt zu verstehen, sondern auch die himmlischen Welten mit ihrer Hierarchie, welche jene leitet, die danach streben, sich selbst und Gott spirituell zu verstehen.

Während wir auf der spirituellen Leiter des Lebens vorankommen, wird uns die Illusion des Erfolgs, einigen die des Mißerfolgs, als eine der stärksten Verzerrungen bewußt. Aber manche vergessen, daß es weder Gut noch Böse gibt, wie Paul das ausdrückt. Was für den einen Versagen bedeutet, könnte für einen anderen Erfolg darstellen. Manche Leute sind von ihren Illusionen so geblendet, daß sie nicht imstande sind sich vorzustellen, es könnte noch etwas Anderes existieren als ihr Kampf ums Vorankommen. Dann wiederum gibt es welche, die meinen, sie seien nicht befähigt, es weiter zu bringen als Hans, der weiter unten in der Straße wohnt. Sie halten sich selbst für Versager. Es ist falsches Denken, zu versuchen, mit einem Freund oder Nachbarn Schritt zu halten. In Spirit gibt es keine Konkurrenz. Wenn man das erkennt, wird man nicht versuchen, auch nur mit irgendjemandem Schritt zu halten.

Der Verstand der meisten Leute arbeitet mit großer Streuung, wobei es an der Fähigkeit mangelt, die Aufmerksamkeit für längere Zeit auf eine Sache zu richten. Das ist etwas, was Du nicht in der Schule lernst. Wer nicht in der Lage ist, seine Aufmerksamkeit zu sammeln und auf einen bestimmten Gegenstand zu konzentrieren hat

● **Während wir auf der spirituellen Leiter des Lebens vorankommen, wird uns die Illusion des Erfolgs, einigen die des Mißerfolgs, als eine der stärksten Verzerrungen bewußt.**

wenig Aussicht auf spirituelles Wachstum. Wie aber wachsen wir denn spirituell? Eine Möglichkeit besteht darin, die Aufmerksamkeit auf ein bestimmtes Ziel, einen bestimmten Zweck zu konzentrieren, um ein besseres Verständnis und auch Bewußtheit für den Inneren Meister zu erreichen. Die spirituelle Übung, der leichte Weg genannt, (dargelegt in "Das Atom"), verleiht einem die Fähigkeit, alle Hemmnisse mit Leichtigkeit aufzulösen, ohne sich Kopfschmerzen zuzuziehen, wobei man sich die Zeit läßt, das Ziel zu erreichen.

● **Denke jedoch daran, daß Konzentration etwas anderes ist als Kontemplation.**

Denke jedoch daran, daß Konzentration etwas anderes ist als Kontemplation. Konzentration ist die Fähigkeit, die Aufmerksamkeit gezielt auf ein Objekt oder einen Geisteszustand zu richten; sie ist eine willentlich herbeigeführte Emotion. Manche Leute sind fähig, sich mit Hilfe des Verstandes gezielt auf Spirit zu konzentrieren. Diejenigen, die das können, spüren eine Welle von Energie, jedoch fehlt ihnen die Fähigkeit, diese Energie willentlich durch Konzentration anzusammeln. Das ist der Unterschied zwischen denen, die Wunder tun und nicht einmal darüber nachdenken, und denen, die durch diese Welt gehen, sich dauernd beklagen und anderen Menschen Angst einjagen. Und doch besitzt jeder von uns die Kraft, diese Energie im inneren Tempel zu sammeln und ein Meister zu werden, der sich selbst Gesetz ist.

Diese Energie, die man Spirit nennt, besteht aus Atomen. Jedes Atom ist Teil des Göttlichen, das bis in die entferntesten Winkel des unendlichen Universums reicht und auch die Gravitation entstehen läßt. Wir Menschen atmen mit jedem Atemzug eine unendliche Zahl von Atomen oder unmanifestierten Seelen ein. Diese Energie, die im gesamten Universum und in allen Dingen vorhanden ist, befindet sich auch in unserem Körper und unserem Verstand. Wenn Du das bedenkst und Deine Gedanken als leuchtenden Energiestrom in das Universum ausstrahlst, versetzt Du die Atome und Moleküle im Raum und im Verstand anderer Menschen in Bewegung und kannst sie tatsächlich zu Handlungen anregen. Darum müssen wir mit unseren Gedanken über andere vorsichtig sein. Hier kommt das Gesetz der Einmischung ins Spiel, und für jeden Gedanken und jede Handlung muß Rechenschaft abgelegt werden.

Ich bin sicher, alle haben schon einmal etwas erlebt, was dem hier angeführten Beispiel gleicht. Ein Experiment: Richte den Blick auf jemanden, der Dir den Rücken zukehrt, und sende einen Gedanken zum Hinterkopf jener Person aus. Binnen eines Augenblicks wird er oder sie sich umdrehen und Dich anschauen. Falls Du die atomare Energie, die von Deinem Verstand ausstrahlt, zur Aussendung von Gedanken auf einen anderen Menschen konzentrierst, können sie sich in dessen Verstand einnisten, wenn sich derjenige nicht irgendwie abgeschirmt hat. Manche Leute haben das bis zu einem gewissen Grad entwickelt, sind sich dessen bewußt und setzen es als Hilfsmittel bei ihren geschäftlichen Unternehmungen ein. Ich spreche hier von den sogenannten Fachleuten.

● **Die folgenden Schritte können Dir helfen, spirituelle Meisterschaft zu erlangen; es ist jedoch Dir überlassen.**

Die folgenden Schritte können Dir helfen, spirituelle Meisterschaft zu erlangen; es ist jedoch Dir überlassen. Setze Dich jeden Tag eine halbe Stunde lang hin, und sei Dir Deines Verstandes im inneren Tempel bewußt. Laß die Bilder auf dem inneren Bildschirm vorbeiziehen; versuche nicht, sie festzuhalten. Danach stelle irgendeine Frage, die Du als belastend empfunden hast oder die Dich im Hinblick auf diese Welt oder Dein Leben in Gedanken bewegt hat. Mache Dir dann Deine Gefühle bewußt und überdenke sie.

Sind sie und Deine Gedanken darüber positiv? Oder sind sie schwankend und unentschlossen? Setze Dich mindestens einmal in der Woche hin, und überprüfe Deine Lebensziele, oder schreibe sie nieder, wobei Du mehr als eines haben kannst. Du solltest Dir jedes Ziel der Reihe nach vornehmen und es von allen Blickwinkeln aus im Inneren Tempel betrachten. Kontempliere ausschließlich über dieses eine, nachdem Du das HU oder Deinen spirituellen Satz oder Dein Wort gesungen hast. Sei nicht einfach nur auf Geld aus, denn es ist das Wissen um Gott und Spirit, das die Seele zufriedenstellt und inneren Frieden bringen kann. Der Nektar, der im Inneren unseren Durst stillt, ist dieser Tonstrom.

Das ist von äußerst grundlegender Bedeutung; zudem funktioniert es. Ich wiederhole das für jene, denen es noch nicht bekannt war oder die es vergessen haben. Das heißt also, schreibe Deine Wünsche oder Ziele auf, die Dich selbst oder Deine Verantwortlichkeiten betreffen. Deine Liste sollte ehrlich sein und im Einklang mit dem Wohl des Ganzen und dem Deiner Familie. Wenn Du einen Wunsch oder ein Verlangen hast, aber die Tatsache außer acht läßt, daß Du etwas dafür tun mußt, dann bedenke doch, daß Du Dein Geschick nicht auf dich zukommen lassen darfst; Du mußt es Dir erarbeiten. Achte darauf, daß Du jeden Tag auf Deine Liste schaust, falls Du eine anlegst, vielleicht unmittelbar vor dem Zubettgehen. Dann wirst Du diese Gedankenformen in die anderen Welten mitnehmen, wo sie damit beginnen, ein eigenes Leben aufzunehmen und sich für Dich in die Form der Wirklichkeit zu kleiden.

In meiner Jugend hatte ich Musik im Kopf, und während meiner Ausbildung und beim Zusammenspiel mit anderen Musikinstrumenten fand ich heraus, daß ich mich konzentrieren und hinhören mußte, was bei den anderen Instrumenten vor sich ging. Um das zu entwickeln, wies Paul Twitchell, mein spiritueller Ratgeber, mich im Traumzustand an, niederzuschreiben, was ich erreichen wollte und bei Radiosendungen die verschiedenen Instrumente herauszuhören und zu schauen, wieviele ich identifizieren konnte. Wie Du siehst, ist beides, das Physische und das Spirituelle, erforderlich, um einem hier auf Erden zu helfen.

Denke bei Deinen spirituellen Übungen daran, keine mentalen Gedankenformen zu projizieren, die negativ oder egoistisch sind, denn sie müssen dem Wohle der Gesamtheit dienen, dem aller Menschen der ganzen Welt und aller Universen. Verbreite Gedanken der Liebe, die aufbauend sind, und guten Willen und vor allem: Leben, Liebe und Lachen. Die Kommunikation, die wir mit uns selbst pflegen, enthält eine Art Neugier, eine Faszination an Dingen, die sich in unserem täglichen Leben ereignen. Sie verbindet uns mit dem Inneren Meister, ebenso wie mit unseren Freunden und der Familie, und sie bringt auch Liebende einander nahe. Sie ist zudem ein Dialog mit uns selbst. Sei heute spirituell gut zu Dir!

11

Richtung

Ich bin einer, der den Weg weist, und ich helfe, wenn ich darum gebeten werde, im Inneren und im Äußeren; aber man muß sich bewußt sein, daß es Grenzen gibt, wenn man den Meister im Physischen (Äußeren) bittet.

● **Viele verstehen nicht den Gegensatz zwischen dem inneren und dem äußeren Meister...**

● **Der Mahanta (der Inter-Meister) arbeitet durch die Träger Gottes, die rein und wahrhaftig Spirit gegenüber sind, um so die Nichtinitiierten zu erreichen.**

● **Jeder von uns muß darauf achtgeben, wie er über die Negativität denkt, die er hier sieht, von der er hört, über die er liest, während er sich auf irgendeiner Ebene der niederen Welten aufhält.**

Wenn der Verstand zerstreut ist, fehlt es an einer Ausrichtung auf die Ziele, die sich jemand gesetzt hat. Er
erreicht dann selten den Lohn, den er in seinem spirituellen Leben anstrebt. Wenn man mit dem Inneren Meister
arbeitet, entwickelt man in der Seele ein eigenes Funda-
ment, daß sich am besten auswirken kann, wenn Du
Deine Aufmerksamkeit auf Deine Ziele ausrichtest, ob es
sich nun um Dein spirituelles oder um Dein physisches äußeres Leben handelt.

So viele Leute, die einen spirituellen Weg gehen, geraten in Verwirrung, wenn es um Vorstellungen über Himmel
und Erde geht. Während meiner gesamten Zeit als Meister
beobachtete ich, daß jeder Augenblick unseres Lebens ein
spirituelles Ereignis ist. In dieser staubigen Welt bedeutet
das jedoch nicht, daß man einen Auftrag, den man von
seinem Vorgesetzten oder Direktor erhält, auch ausführen
muß, nur deshalb, weil der Chef ihn erteilt hat und er die
Regeln aufstellt. Außerdem kann man seine Meinung äu-
ßern. Ich habe mich immer über Beiträge, Empfehlungen
und Vorschläge gefreut. Obwohl die endgültige Entscheidung im spirituellen und physischen Bereich bei mir lag,
legten die Direktoren des Vorstandes die Zielrichtungen
fest, und auch ich besaß nur eine Stimme im Vorstand.

● Viele verstehen
nicht den Gegensatz
zwischen dem inne-
ren und dem äuße-
ren Meister.

*Viele verstehen nicht den Gegensatz zwischen dem in-
neren und dem äußeren Meister* und daß der Innere Meister sich mit dem spirituellen Leben in den himmlischen
Welten und mit dem Traumzustand befaßt, und daß er
seinen Seelenkörper für diese Arbeit benutzt. Der äußere
Meister ist wie jeder andere auf diesem staubigen Erdenplaneten; sein Körper wird krank und schmerzt, genau wie
der jedes anderen auch, und er wird von Schmerzen geplagt. Aber Dap Ren als Seele, der Innere Meister, wird
nichts als Göttliche Liebe fühlen; jedoch Darwin, der
äußere Meister, nimmt die Schläge auf sich als göttlicher
Träger für den einen Gott. Es hat jene gegeben, die Pauls
Gestalt auf dem inneren Bildschirm während seiner Zeit
annahmen, und in den letzten paar Jahren haben sie auch
mein eigenes Erscheinungsbild vorgetäuscht, um diejenigen hinters Licht zu führen, vor denen sie erschienen. Der
Innere Meister ist jemand, der den einzelnen von Schwierigkeiten befreit, wenn er darum im Inneren oder Äußeren
gebeten wird, falls derjenige sich das verdient oder sein
Karma ausgeglichen hat.

Die spirituellen Übungen verleihen einem die Fähigkeit,
alle Hemmnisse mit Leichtigkeit zu überwinden, ohne Kopfschmerzen zu bekommen, und sie ermöglichen es Dir,

Dein Ziel mühelos zu erreichen. Bedenke aber, daß Konzentration für sich allein eine andere Übung oder Praktik ist. Konzentration bedeutet, daß man seinen Aufmerksamkeit ausschließlich und direkt auf einen bestimmten Gegenstand, auf irgendeinen verstandesmäßigen oder emotionalen Zustand fokussiert. Fast jeder ist bisweilen fähig, seine spirituelle Energie unter Einsatz des Verstandes zu fokussieren, und gelegentlich fühlen wir einen Ansporn oder eine begeisternde Energie. Das geschieht, wenn Du Deine Atomstruktur mit Spirit oder dem Inneren Meister in Einklang bringst. *Der Mahanta (der Inter-Meister) arbeitet durch die Träger Gottes, die rein und wahrhaftig Spirit gegenüber sind, um so die Nichtinitiierten zu erreichen.*

Es besteht ein gewaltiger Unterschied zwischen denen, die sich für diesen Vermittler oder Spirit öffnen und Wunder vollbringen, was der Mensch so unter Wundern versteht, und jenen, die in dieser negativen Welt der Frustration und Furcht leben. Jeder Mensch hat diese von Gott gegebene Quelle der Kraft, um sie in den inneren Tempel zu bringen, sie dort loszulassen, und nicht an ihr festzuhalten, so daß er seine Ziele erreichen, jemanden heilen oder sich selbst zur spirituellen Meisterschaft entfalten kann.

● **Der Mahanta (der Inter-Meister) arbeitet durch die Träger Gottes, die rein und wahrhaftig Spirit gegenüber sind, um so die Nichtinitiierten zu erreichen.**

Diese Energie, die als Spirit bekannt ist, besteht aus Atomen, die im gesamten Universum ausgestreut sind und im Innern aller Dinge, in der Luft, die Du atmest, sogar in Deinem Blut, das durch den Körper fließt. Stelle Dir diese Energie als Teil der Atomstruktur vor, denn wenn Du Gedanken in einem strahlenden Strom oder als Gedankenformen in das Universum aussendest, bewegst Du Atome und Moleküle im Raum, im Verstand, in den Körpern von Menschen und Tieren, und Du regst sie tatsächlich zu Handlungen an. Das ist der Grund, warum wir mit unseren Gedanken über andere vorsichtig sein müssen. Es ist eine Handlungsweise, bei der das Gesetz der Einmischung ins Spiel kommt, denn man kann sich ungewollt einiges negative Karma damit einhandeln. Für alle Gedanken und Handlungen muß Rechenschaft abgelegt werden, und sie müssen ausgeglichen werden.

Die meisten Leute, die sich selbst bis zu einem gewissen Grad zu einem Träger für Gott entfalten, entwickeln ein umfassenderes Verständnis, erreichen eine Erweiterung des Bewußtseins. Da gibt es allerdings jene, die sich der göttlichen Kraft bewußt werden, und wie sie auf andere wirken kann, und manche laufen dann tatsächlich an solche Orte wie Reno oder Las Vegas, um zu versuchen, Rücklagen für den Rest ihres Lebens einzuheimsen. Bedenke jedoch, wenn Du diese Energiequelle dazu benutzt, Dein Schäfchen ins Trockene zu bringen, und falls Du Dich dabei der negativen Kraft bedienst, mußt Du dafür auf irgend eine Weise bezahlen. Die spirituellen Kräfte in diesen niederen Welten, einschließlich der physischen Handlungsebene, sind beides, positiv und negativ. Sogar wenn Du glaubst, es könnte eine positive Handlung sein, die Du Dir vorgenommen hast, mußt Du Dich fragen: Erreichst Du Dein Ziel auch auf rechtmäßige Weise?

Es ist wahr, die sogenannten Fachleute in der Geschäftswelt, die gesetzliche Maschinerie und andere, die eine ganze Wand voller akademischer Urkunden haben, biegen sich die Gesetze dieser Welt so zurecht, wie sie ihren Bedürfnissen entsprechen. Sie verstehen sich auf das Gesetz des Ausgleichs. Sie wissen vielleicht nicht, daß die dunkle Macht die unteren Welten regiert. Mag schon sein, daß sie es doch verstehen; sie ist aber Werkzeug Gottes, und ob man sie nun für den Teufel hält, die Kal Kraft oder die dunkle Macht, sie untersteht der Höchsten Gottheit, Gott oder dem Gesetz des Sugmad und

Seiner führenden Hand, wenn auch seine Bevollmächtigten die Dinge in allen Welten im Gleichgewicht halten.

● Jeder von uns muß darauf achtgeben, wie er über die Negativität denkt, die er hier sieht, von der er hört und über die er liest, während er sich auf irgendeiner Ebene der niederen Welten aufhält.

Was ich zu sagen versuche, ist, daß *jeder von uns darauf achtgeben muß, wie er über die Negativität denkt, die er hier sieht, von der er hört und über die er liest, während er sich auf irgendeiner Ebene der niederen Welten aufhält.* Mit anderen Worten, urteile nicht! Gewiß, es kommt vor, daß es manchmal so aussieht, als gäbe es keine Gerechtigkeit; dennoch, gib ihr Zeit. Sogar die dunkle Macht muß den Mahavakyis - den Stillen - und den Alten Meistern Hilfe leisten, die die Menschheit zu allen Zeiten, seit die Welten bestehen, geleitet haben.

Im Hinblick auf das, was zwischen mir und Menlo Park passiert ist, verstehe ich die Veränderungen nicht, die mit Paul Twitchells Schriften vorgenommen werden. Sie stammen aus den Weisheitstempeln, vermittelt durch mündliche Vorträge verschiedener Meister. Das trifft auch zu für meine Schriften über diesen ältesten Pfad für das Individuum. Es wurde viele Male gesagt, daß man im Äußeren über einen anderen nicht urteilen kann, geschweige denn über einen Meister. Das bedeutet jedoch nicht, daß man keine Fragen stellen oder seine eigene Meinung haben kann.

Denn im Inneren wird man ihn an seiner strahlenden Form in den reinen Gottwelten erkennen. Es bedarf individueller Initiative, gesunden Menschenverstands und der Selbstdisziplin in allen Bereichen unseres Lebens. Der Meister ist sanft und freundlich mit den einzelnen Seelen, ich spreche es jedoch offen aus, wenn jemand in meinen Freiraum eindringt. Ich bin einer, der den Weg weist, und ich helfe, wenn ich darum gebeten werde, im Inneren und im Äußeren; aber man muß sich bewußt sein, daß es Grenzen gibt, wenn man den Meister im Physischen (Äußeren) bittet.

Ich denke da an eine Aussage von Paul Twitchell, die etwa so lautet: Jeder Aspirant, der die Erleuchtung in den reinen Gottwelten erlangt, muß sich selbst Gesetz sein. Er selbst, nicht der Meister, muß den Pfad allein beschreiten. Man muß seine Nahrung selbst zu sich nehmen, wie es einem vom Mahanta gelehrt wird. Jeder auf dem Pfad muß sein eigenes Licht, sein eigener Ton sein, wie auch seine eigene Zuflucht. Die Gottrealisation kann nicht durch den Meister als Stellvertreter verwirklicht werden, sondern nur durch die individuelle Seele selbst.

12

Den Mahanta verstehen

Der Mahanta ist äußerste Realität in jedem von uns, der weiß und ES versteht...

● Wenn jener Meister nicht daran arbeitet, sich dem Mahanta-Bewußtsein zu öffnen, damit ES sich seiner bedienen kann, dann wird er auch nicht unbedingt ein Kanal für den Mahanta sein.

● Wer daher ein Getrenntsein fühlt, grenzt sich unnötig ein, denn zu keiner Zeit ist er geringer als das, was er ist, Seele.

● Paul Twitchell hielt Depression für ein Zeichen spirituellen Wachstums im Menschen.

Es gibt bestimmte Punkte, die von denen, die Paul Twitchells Schriften lasen und studierten, nicht verstanden wurden. Paul schrieb absichtlich auf diese seine Weise, um die Menschen zum Nachdenken zu bringen. Einer der Widersprüche am Mahanta besteht darin, daß, wenn der Meister der Zeit abtritt und ein anderer Mann die Zügel der Verantwortung übernimmt, dieser Mann auch der Mahanta wird. Jedoch an anderer Stelle erklärt Paul, es gäbe nur einen Mahanta, und dieser verbliebe 200 Jahre, möglicherweise 500 oder 1000 Jahre lang in diesem Bewußtsein.

Wer nicht erkennt oder nicht versteht, was damit gesagt wird, sollte es innerlich, im inneren Tempel überprüfen. Und wenn Du nicht weißt, wer der Meister oder wer der Mahanta ist, mußt Du das selbst nachprüfen ohne Dich auf die Auslegung von jemand anderem zu verlassen, sei sie schriftlich, mündlich oder wie auch immer.

Das war auch Paul Twitchells Philosophie. In einem seiner Kurse sprach er über den "Körper des Mahanta", jener Essenz, die der Innere Meister genannt wird, der dem Atom erscheint, das ihn im inneren Tempel sehen kann. Der Körper des Mahanta besteht aus dieser Essenz, aus welcher sich der Mahanta selbst von Zeitalter zu Zeitalter in den Meister der Zeit wiederverkörpert und der auch als der blaue Stern gesehen werden kann.

Wenn jener Meister nicht daran arbeitet, sich dem Mahanta-Bewußtsein zu öffnen, damit ES sich seiner bedienen kann, dann wird er auch nicht unbedingt ein Kanal für den Mahanta sein. Es wird viele andere Meister geben, aber nur wenige unter ihnen, wie Paul Twitchell und Rebazar Tarzs, werden auch Mahanta sein.

Der Mahanta ist äußerste Realität in jedem von uns, der weiß und versteht, und wer das versteht, wer es akzeptiert und diese Gegenwart in sich selbst verwirklicht, hat etwas Wesentliches, das kein anderer besitzt.

Daher, wenn manche das Gefühl haben, Gott habe sie vergessen oder sie seien von IHM getrennt, mißverstehen sie nicht nur ihre Beziehung zum Höchsten Sein, sondern auch zum Leben selbst. Wenn wir wissen, daß wir immer innerhalb des Körpers des Mahanta sind, ist es nicht möglich, sich an Seinen Grenzen aufzuhalten. *Wer daher ein Getrenntsein fühlt, grenzt sich unnötig ein, denn zu keiner Zeit ist er geringer als das, was er ist, Seele.* Einige treffen

● **Wenn jener Meister nicht daran arbeitet, sich dem Mahanta-Bewußtsein zu öffnen, damit ES sich seiner bedienen kann, dann wird er auch nicht unbedingt ein Kanal für den Mahanta sein.**

● **Wer daher ein Getrenntsein fühlt, grenzt sich unnötig ein, denn zu keiner Zeit ist er geringer als das, was er ist, Seele.**

die Wahl, ein Atom im Ozean der Liebe und Güte zu sein, dem hörbaren Lebensstrom des Spirit. Als individualisiertes Atom, das sich voll dessen bewußt ist, sich spirituell zu seinem Ziel als Träger für Sugmad (Gott) zu entfalten, lernt es zu akzeptieren und in die Richtung zu arbeiten, in die der Mahanta es auf intuitivem Wege sanft stubst. Man nennt das auch Hingabe. Diese innere spirituelle Ausrichtung, die auch Hingabe genannt wird, kann ihn anleiten, so daß sie sich zu seinem Nutzen, wie auch dem Wohl des Ganzen auswirkt.

In einem Vortrag, den Paul beim Vierten Weltweiten Seminar 1970 in Las Vegas hielt (The Presence of the Master, dt. Die Gegenwart des Meisters, TP 32), sagte er: "Eines Tages, wenn Du stirbst, wirst Du merken, daß dieser Innere Meister bei Dir ist, und er wird Dich auf die Ebene bringen, wo Dein Platz ist, und er selbst wird sich dort um Dich kümmern, während er auf der physischen Ebene arbeitet. Das ist nun ein interessantes Phänomen, weil diejenigen, die zu meiner Zeit in die Lehre eintreten und initiiert werden, mich immer als ihren Meister behalten, ganz gleich, ob sie ständig auf den anderen Ebenen, hier oder nicht hier sind.

Der Nächste, der in meine Fußstapfen tritt, nimmt so viele Leute an, entfaltet und initiiert sie in Spirit, und sie folgen ihm alle auf die gleiche Weise in die anderen Welten. Er wird dann wieder ihr Meister sein. Aber sie werden alle herausfinden, daß er ein und derselbe ist, außer im Physischen, weil der Innere Meister oder Spirit in einem menschlichen Körper wiedererstehen wird, und das geht so fort über die Jahrhunderte mit dem Individuum, das den Mantel des Spirituellen Meisters angenommen hat."

Der Mensch hat jedoch immer noch die Wahl, wie er in der physischen Welt überleben will, welchen Beruf er ergreifen will, um seinen finanziellen Verpflichtungen nachzukommen, für seine Familie zu sorgen, falls er eine hat, seine Verantwortungen in der Gemeinschaft zu erfüllen, falls er solche annimmt. Wenn jemand, der weiß, daß er als stiller Träger für den Mahanta, den Inneren Meister, handelt, nur einfach durch eine Tür in ein Lebensmittelgeschäft geht, im Zuschauerraum oder in einer Show sitzt, dann dient er dem Wohl des Ganzen, weil der Inter-Meister physische Wesen nicht erreichen kann, außer durch ein anderes physisches Wesen, das als Träger dient. Die Anwesenheit dieses Trägers in dem Lebensmittelgeschäft oder in der Show ermöglicht es dem Meister, viele, viele andere Atome zu berühren, die er spiri-tuell auf keine andere Weise berühren könnte.

So viele können Entscheidungen treffen und sollten auch im Hinblick auf ihr äußeres Leben tun, was sie wollen, aber dem Inter-Meister erlauben, ihr spirituelles Leben zu leiten. Einige haben geäußert, daß sie mehr depressive Phasen und mehr Krankheiten durchgemacht haben als gewöhnlich. Das kann passieren, wenn man als Träger für Spirit handelt.

● **Paul hielt Depression für ein Zeichen spirituellen Wachstums im Menschen.**

Paul hielt Depression für ein Zeichen spirituellen Wachstums im Menschen. Das wirkt nicht bei jedem auf die gleiche Weise, aber wenn Du spürst, Du hast spirituelle Fortschritte in der richtigen Richtung gemacht, und plötzlich beginnen die Dinge auf verwirrende Weise im Zickzack zu laufen, dann versuche, Dich nicht zu sehr davon beunruhigen zu lassen. Gewinne etwas Abstand von den Dingen, und gestehe Dir eine Atempause zu. Zieh Dich in den inneren Tempel zurück, wohl wissend, daß solche Phasen vorübergehen und sich glätten, oder unterbrich sogar die innere Arbeit im Tempel ganz und gar. Habe Geduld, und sei nicht zu streng mit Dir selbst.

Jedes Atom, jedes Individuum ist eine Erweiterung der Größe Gottes. Durch den göttlichen Spirit fangen wir an zu erkennen, wer und was wir sind, wobei wir in der Seele nur den Willen des Sugmad ausführen, das unser spirituelles Leben leitet und führt. Je mehr man dieser inneren Führung vertraut, desto größer wird das Selbstvertrauen und die Sicherheit. Ganz gleich also, was für ein Abenteuer im täglichen Leben auftaucht, man wird es nur als Gelegenheit für spirituelle Entfaltung betrachten und an Erfahrungen reicher werden.

Und erstaunlicherweise wird umso mehr von uns verlangt, je mehr wir uns der Führung des Spirit anvertrauen. Demnach wird uns die glücklichste Erfahrung unseres Lebens zuteil, wenn wir erkennen, daß wir alles zurückbekamen, dadurch das wir alles aufgegeben hatten.

13

Ein Paradox

Wie in jeder Schule wird der Schüler, wenn er seine Lektionen gelernt hat, auf die nächste Stufe versetzt, bis er ohne des Meisters Hilfe in die höheren Welten gehen kann.

● **Mit dieser spirituellen Freiheit stellt sich die Erkenntnis ein, daß Spirit selten so arbeitet, wie man es von IHM erwartet.**

● **Wer sich zu individueller Meisterschaft entfaltet, wird sich gegen Zwänge auflehnen, die ihn von seinem Ziel abhalten.**

● **Wegen dieser unbezahlbaren Belohnung hungert die Seele danach, zu ihrem Ursprung zurückzukehren.**

Wahre spirituelle Freiheit stellt sich ein, wenn man von den Dingen dieses Lebens inneren Abstand gewonnen hat und seine Bewußtheit über den menschlichen Bewußtseinszustand hinaus erweitert hat bis zu der Stufe, die als Gott-Zustand oder als Gott-Realisation bekannt ist. Göttliche Weisheit fließt einem während der spirituellen Übungen oder im Traumzustand zu, oftmals auch während des physischen Wachbewußtseins. Zu dem Zeitpunkt, an dem man diese göttliche Weisheit auf einer der Ebenen Gottes erlangt hat, ist man der Meister jener Ebene geworden und benutzt den Schlüssel göttlicher Weisheit, um die Tür zu öffnen, hinter der die Wahrheit liegt.

Mit dieser spirituellen Freiheit stellt sich die Erkenntnis ein, daß Spirit selten so arbeitet, wie wir es von IHM erwarten. Da Spirit durch den göttlichen Kanal fließt, arbeitet ER immer zu unserem Wohl und zum Wohl der Gesamtheit. Wir bitten Spirit um einen besonderen Gefallen, um eine Heilung oder um Führung zu einem Ziel, und wenn das Ergebnis nicht so ist, wie wir es erwarten, sind wir enttäuscht und unglücklich; wir neigen sogar dazu, den Meister zu beschuldigen, er habe unsere Bitten nicht erhört. Aber das ist eine törichte Denkweise, denn bei jemandem, der die Bewußtheit der spirituellen Freiheit

● **Mit dieser spirituellen Freiheit stellt sich die Erkenntnis ein, daß Spirit selten so arbeitet, wie wir es von IHM erwarten.**

111

anerkannt hat, stellen sich Verständnis und Verantwortungsgefühl ein, ein reines Gefäß für Spirit zu sein, und er wird nicht versuchen, die Arbeitsweise des Spirit zu lenken.

Jeder von Euch hat Erfahrungen damit gemacht, wie es ist, wenn andere sich in Euren Freiraum drängen und in Euer magnetisches Feld eindringen, in die Aura, die jeden umgibt. Während man weiter vorankommt und von den reinen positiven Gottwelten aus arbeitet, wird er oder sie andern ihren Freiraum zugestehen, ihnen mehr Entscheidungsfreiheit und Daseinsrecht einräumen. Ich dränge mich nicht in den Freiraum eines Initiierten, wenn ich nicht gebeten werde einzutreten. Das ist eine Verletzung des spirituellen Gesetzes, geradeso wie jemand das spirituelle Gesetz verletzt, der zwischen den Schüler und den Meister tritt und eine harte Strafe dafür bezahlen wird. Für denjenigen wird eine Zeitlang der Beistand unterbrochen, bis er erkennt, was er getan hat und es bereinigt.

Es besteht hier ein interessantes Paradox, nämlich, daß der Mensch selbst bis zum Tode für physische Freiheit kämpfen wird, aber nicht weiß, wie er mit spiritueller Freiheit umgehen muß, wenn er sie erhält. So rasch, wie er darum kämpft, sich von einem Unterdrücker zu befreien, wird er Seite an Seite mit dem Sieger marschieren, der dann zu seinem neuen Unterdrücker wird. Wenn er zuviel Freiheit erhält, wird er gleich einem Kinde seine Freiheit auf eine Weise mißbrauchen, die für ihn selbst und seine Umgebung Schwierigkeiten erzeugt. Kinder fühlen sich sicherer innerhalb der Grenzen, die ihnen ihre Eltern setzen, um sie zu Ihrem eigenen Schutz daran zu hindern, zu weit in die eine oder andere Richtung zu laufen. Für den Großteil der Menschheit ist es beruhigend, jemanden zu haben, der für sie sorgt, jemanden zu haben, der ihnen sagt, was sie tun und wie sie handeln sollen. Sie mögen sich widersetzen, wenn man sie an einer Leine herumführen will, aber viele geraten aus der Fassung und in Verwirrung, wenn sie ihre eigenen Entscheidungen treffen müssen: "Was passiert, wenn ich einen Fehler mache? Was wird, wenn ich diesen Job aufgebe und keinen anderen bekommen kann? Was wenn...Was wenn..."

Wer sich zu individueller Meisterschaft seiner Welt entfaltet, wird sich gegen Zwänge auflehnen, die ihn von seinem Ziel abhalten. Er lernt, daß man Fehler nicht fürchten muß, denn so sicher, wie ein Fuß dem andern folgt, wird, was heute als ein Hindernis erscheint, morgen

● **Wer sich zu individueller Meisterschaft seiner Welt entfaltet, wird sich gegen Zwänge auflehnen, die ihn von seinem Ziel abhalten.**

113

hinwegschmelzen und eine Erfahrung sein, aus der gelernt wurde. Es findet sich immer eine andere Arbeit direkt um die Ecke, es gibt immer einen weiteren Schritt zu tun. Es geht immer um das Vertrauen, das sich mit der völligen Hingabe an die innere spirituelle Führung durch Spirit und den Inter-Meister einstellt.

Sri Paul Twitchell hat in seinen Vorträgen und Schriften gelehrt, daß, wenn man ein Initiierter von Licht und Ton in dieser Lehre wurde, man diesen Pfad nie mehr verlassen kann, ganz gleich, was man denkt, sagt oder glaubt, ganz gleich, was irgendjemand anderer denken, sagen oder glauben mag. Man ist dem Sugmad zu eigen geworden und befindet sich in diesem Leben oder im nächsten auf seinem Heimweg, und wer zuläßt, daß Furcht in seinen geheimen Tempel Gottes im Inneren einzieht, wird vielleicht herausfinden, daß der Inter-Meister beiseite getreten ist und auf seine Rückkehr wartet, er ihn aber niemals verlassen hat.

Es liegt in der Natur des menschlichen Bewußtseins, den göttlichen Impulsen zu widerstehen, die durch den Menschen strömen, und die Wellen der Göttlichen Liebe nicht zu erkennen, die das Licht und den Ton in jedem einzelnen hervorbringen; wenn er jedoch genug hat von den Anfechtungen und Schlägen der negativen Kräfte, dann wird er sich an den Inneren Meister wenden, von dem er instinktiv weiß, daß er in seinem Inneren anwesend ist. Er wird erwachen für den Inter-Meister, der nur darauf wartet, erkannt zu werden und der sein Atma (seine Seele) entzündet, jenen Beistand, der alles Leben erhält. Und damit ist er wieder auf der Reise in die Seelenebene und darüber hinaus.

Diese spirituelle Freiheit muß bei jedem Schritt auf dem Wege verdiont werden. Spirituelle Freiheit wird durch die individualisierte Seele erlangt, und das vollzieht sich durch fortgesetztes Eintauchen in den Lebensstrom, in Spirit, so wie man eine Pumpe regelmäßig während des Tages erst mit Wasser füllen muß, um das Wasser zutage zu fördern, den Nektar, den Beistand.

Der Meister betrachtet niemanden als seinen Feind, denn er ist sich bewußt, daß es die dunkle Kraft ist, die darauf aus ist, ihn zu besiegen. Er muß allem Leben Freiheit geben, denn das ist Gottes Art, und er kann nicht anders handeln, als denen zu vergeben, die es zulassen, daß sie als Werkzeug der dunklen Macht benutzt werden.

Denn es ist sein Auftrag, sich für den Fortbestand der wahren Lehren der Alten Meister einzusetzen und sie der Welt bekannt zu machen, so daß der Mensch die Wahrheit erkennen kann, die in seinem Inneren ruht und er wieder ein Mitarbeiter des Sugmad (Gott) werden kann.

Es ist erforderlich, daß das individualisierte Atom in der Seele rein sei, ehe ES vor das Sugmad treten kann. Es ist durch Tausende von Lebenserfahrungen auf den unteren Ebenen gegangen, ist dem Lebenden Meister begegnet und mit dem Lebensstrom verbunden worden. Es lernt und erweitert Seine Bewußtheit weiterhin, während der Inter-Meister ES durch die psychischen Ebenen auf die Seelenebene begleitet, wobei jede Ebene verschiedene Regeln und Gesetze aufweist und unter der Obhut verschiedener Herrscher steht. Wie in jeder Schule wird der Schüler, wenn er seine Lektionen gelernt hat, auf die nächste Stufe versetzt, bis er ohne des Meisters Hilfe in die höheren Welten gehen kann. Dann ist er selbständig, während er ständig aufwärts steigt, bis er dank seiner Verdienste die Gnade des Sugmad erhält, vor IHM zu stehen in all Seiner unbegreiflichen Herrlichkeit.

Wegen dieser unbezahlbaren Belohnung hungert die Seele danach, zu ihrem Ursprung zurückzukehren. Sie verließ den Ozean der Liebe und Güte vor Äonen und verirrte sich, aber nun sind spirituelle Freiheit und die Verantwortung, ein Träger des Sugmad zu sein für die Seele erreichbar, und sie kann ihre Wahl treffen, wie sie zum Wohle der Gesamtheit als Mitarbeiter wirken will.

Es ist nicht leicht für die Seele, die in der Heimat des Absoluten war, zu den Gegebenheiten der niederen Welten zurückzukehren. Es ist als ob sie aus einem Palast in die Slums kommt, aber der Preis für dio spirituelle Freiheit ist die Erkenntnis, daß wir niemals mehr zurückkehren können zu den Tagen, ehe wir die alten Meister trafen. Jene Tage gibt es nicht mehr für uns. Wie die Jagdhunde des Himmels halten wir nur die Vision des Sugmad in unserem Herzen und in unserer Seele, und wir wissen nur, daß wir dem Absoluten auf irgendeine Weise dienen müssen, während wir uns in den niederen Welten aufhalten: Die Botschaft der Meister jenen zu bringen, die wie wir selbst sich danach sehnen, zum Ozean der Liebe und Güte zurückzukehren.

● **Wegen dieser unbezahlbaren Belohnung hungert die Seele danach, zu ihrem Ursprung zurückzukehren.**

117

14

Initiationen

Um überhaupt etwas von den Geheimnissen der reinen positiven Gottwelten zu empfangen, muß man zumindest in gewissem Umfang die fünf Leidenschaften des Verstandes - Begierde, Habsucht, Ärger, Verhaftung und Eitelkeit - unter Kontrolle haben.

● **Die meisten Menschen sind einfach nicht im Stande, es für sich zu behalten, wenn ihnen Einblick in einen kleinen Teil eines Bildes gewährt wird.**

● **Es gibt drei grundlegende Initiationen, die Du vom Meister erhalten kannst, wenn das Dein Wunsch ist.**

● **Der Kampf um Macht in der Welt ist gewaltig.**

Es gibt Zeiten in unserem spirituellen Wachstum, in
denen wir wirklich tief nach innen gehen müssen, um Antworten auf Fragen zu erhalten, die wir von anderen hören,
die uns in gedruckter Form vor Augen kommen, und wo
wir Zweifel haben, oder die wir selbst einfach nicht verstehen.

Warum ist das so? Die meisten von denen, die wirklich
nach innen gehen, tun das sehr oberflächlich und erwarten, daß irgendetwas mit dem Licht oder dem Ton im
Sinne von Phänomenen geschieht oder daß physische
Objekte erkennbar werden. Du mußt über das Licht hinausgehen und auf dem Ton in die reinen Welten Sugmads
(Gottes) reiten, so wie Paul Twitchell in seinen Schriften
über die älteste spirituelle Lehre, von der wir Kenntnis
haben, geschrieben und gesprochen hat.

Es gibt nur wenige, die Gottes Geheimnisse wirklich verstehen. *Die meisten Menschen sind einfach nicht im Stande, es für sich zu behalten, wenn ihnen Einblick in einen
kleinen Teil eines Bildes gewährt wird.* Sie haben dann
das Gefühl, sie müßten es an jedermann unter der Sonne
und in allen Welten Gottes weitergeben. Was ist da mit
den Gesetzen Sugmads oder des Spirit passiert? Mit dem

**● Die meisten Men-
schen sind einfach
nicht im Stande, es
für sich zu behalten,
wenn ihnen Einblick
in einen kleinen Teil
eines Bildes ge-
währt wird.**

119

Gesetz des Kamit? Sind es die dunklen Mächte, die uns dazu treiben, unseren Freunden und uns Nahestehenden alles auszuplaudern? Es heißt, daß selbst ein Spiritueller Meister den gleichen Gesetzen unterworfen ist, wie ein jeder von Euch hier in den dualen Welten, lebend, tot oder wie auch immer. Wer die geheimen Lehren empfangen hat, muß Stillschweigen bewahren hinsichtlich seiner persönlichen Angelegenheiten und auch darüber, was sein persönliches Wort betrifft.

Die Geheimnisse Sugmads sind jedem zugänglich in dem Maße, als er die Prüfungen besteht, die erkennen lassen, wieviel er für sich behalten kann, und da die Information einem Stück für Stück gegeben wird, muß man das Gesamtbild vor Augen haben, wie es nach und nach im Brennpunkt (focus) klare Gestalt annimmt. Um überhaupt etwas von den Geheimnissen der reinen positiven Gottwelten zu empfangen, muß man zumindest in gewissem Umfang die fünf Leidenschaften des Verstandes - Begierde, Habsucht, Ärger, Verhaftung und Eitelkeit - unter Kontrolle haben.

Man muß auch mit innerer Aufrichtigkeit, von einem hohen ethischen Niveau und mit hohen Maßstäben arbeiten.

Es heißt, DU mußt Dir selbst Gesetz sein. Du selbst mußt den von Dir gewählten Weg gehen und zwar allein, denn das kann der Spirituelle Meister nicht für Dich tun, wie ja auch die Nahrung, die Du zu Dir nimmst, sich von der des Nachbarn unterscheiden mag.

Damit kommen wir zu den Initiationen und ihrom Platz, in Deinem Leben. *Es gibt drei grundlegende Initiationen, die Du vom Meister erhalten kannst, wenn das Dein Wunsch ist.* Die erste findet im Traumzustand statt. Die zweite ist die Licht- und Ton-Initiation, nachdem man eine Zeitlang beim Meister studiert hat; doch bleibt es dem einzelnen überlassen, ob er die Licht- und Ton-Initiation haben möchte. Sie ermöglicht es Dir als Seele, so schnell wie möglich auf die Seelenebene versetzt zu werden, damit Du Dich über die dualen Welten hinaus, die von den negativen Kräften regiert werden, spirituell entfalten kannst. Die dritte Initiation ist die Seelen-Initiation. Sie wird erteilt, nachdem man mit Hilfe der spirituellen Kontemplationen eine gewisse Zeit in den Goldenen Weisheitstempeln der dualen Welten studiert hat. Sie findet auf der Seelenebene in der Seele statt. Sie entspricht nicht, wie einige lehren, der fünften Initiation, denn die fünfte Initiation bezog sich auf die ätherische Ebene.

- **Es gibt drei grundlegende Initiationen, die Du vom Meister erhalten kannst, wenn das Dein Wunsch ist.**

Die Initiation ist eine geheime spirituelle Zeremonie, die es dem einzelnen ermöglicht, sich spirituell zu entfalten. Allerdings ist schon einiges eigene Bemühen erforderlich, denn es wird Dir lediglich die Gelegenheit geboten - das übrige liegt bei Dir.

Wenn ich mich als Adept-Meister eines anderen Menschen annehme, der auf der Suche ist oder unter mir initiiert wurde, so muß ich ihn und seine Welt verstehen, als würde ich in ihr leben. Ich muß gleichsam mit seinen Augen sehen, was seine Welt ihm bedeutet und wie er sich selbst begreift, anstatt ihn nur unbeteiligt von außen zu betrachten, als wären er oder sie Versuchsobjekte.

Ich muß mit ihnen in ihrer Welt sein können. Das ist einer der Gründe, warum die Spiritual Traveler sich niemals in die Angelegenheiten eines anderen Menschen einmischen, wenn sie nicht dazu eingeladen worden sind. In die Welt eines anderen Menschen einzutreten heißt, von innen her zu spüren, was für ihn das Leben ist, was zu sein er sich bemüht und was er braucht, um spirituell wachsen zu können. Aber nur, weil ich meine eigenen Bedürfnisse, spirituell zu wachsen, verstehe und auf sie eingehe, vermag ich sein Bemühen zu verstehen, hier im

Physischen zu wachsen. Ich kann an einem anderen Menschen nur das verstehen, was ich in mir selbst in diesem physischen Körper und in der Seele verstehe.

Wenn ich auch Sorge trage für einen Erwachsenen oder für ein Kind, die während meiner Zeit initiiert worden sind , so heißt das doch nicht, daß ich ihm oder ihnen Entscheidungen abnehme. Ich helfe dem einzelnen, seine eigenen Entscheidungen zu treffen, indem ich ihm auf sehr subtile Weise Informationen gebe, Alternativen vorschlage und auf mögliche Konsequenzen hinweise, mir dabei aber immer bewußt bin, daß es sich um seine oder ihre Entscheidungen handelt und nicht um meine. Wollte ich anderer Menschen Entscheidungen treffen oder sie dem einzelnen abnehmen, würde ich mich ihm gegenüber herablassend verhalten und ihn wie ein unmündiges Kind oder wie einen Säugling in meinen Armen behandeln. Und indem ich sein Bedürfnis, die Verantwortung für sein eigenes Leben zu übernehmen, nicht anerkennen würde, versagte ich ihm als Menschen die Achtung.

Die Spirituellen Meister, die auf diesem Planeten wandeln, blicken nicht zurück, um zu sehen, wer ihnen folgt. Sie haben anderes zu tun und an andere Orte zu gehen.

Wenn Du ihnen finanziell behilflich sein möchtest, so liegt das bei Dir; denn es gibt auch andere Möglichkeiten, wie man zum Wohle des Ganzen beitragen kann, etwa, indem man eine Klasse leitet oder von der im Physischen zu bewältigenden Arbeitslast einen Anteil übernimmt.

• Der Kampf um Macht in der Welt ist gewaltig.

Der einzelne muß flexibel mit seinen Mitmenschen sein. Sehen wir uns jemanden an, der glücklich ist. Er ist flexibel und innerlich glücklich. *Der Kampf um Macht in der Welt ist gewaltig.* Jeder, der an der Spitze steht, erregt den Neid anderer, die danach trachten, alle zu vernichten, die in einem gewissen Ausmaß Glück oder Erfolg in der Welt haben. Man braucht nur einen Blick auf die historische Vergangenheit irgendeines Landes, eines Unternehmens oder einer Religion zu werfen. Selbst heute noch dauert dieser Kampf an; zuerst lassen sie sich spalten und stellen sich gegeneinander. Trifft dies nicht auf jedes beliebige Haus, jede Stadt, auf jede Freundschaft zu?

Behalte bitte im Auge - erstens - daß Du in einer Welt, die von dunklen Kräften beherrscht wird, dein inneres Gleichgewicht bewahren und eine unendliche göttliche Liebe für alles Leben hegen mußt. Das ermöglicht es dem

Licht, zu leuchten und von Dir auszustrahlen. Zweitens: Die Mächte der Finsternis vermögen diesem Licht nicht standzuhalten. Drittens: Das wiederum bringt mehr Fülle für Dich in dieser wie in den anderen Welten, und durch den Gebrauch Deines Wortes in den spirituellen Übungen gelangst Du an den wahren Nektar Gottes. Wie das ist, läßt sich nicht beschreiben; man kann nur selbst davon kosten.

Der Kampf um Macht in dieser Welt ist überwältigend, und die meisten, die sie erhalten, mißbrauchen sie. Diejenigen, die mit der positiven Seite des Spirit arbeiten, wissen, daß es keine Macht gibt, denn es gibt den Ausgleich. Wer versucht, jemanden zu unterdrücken und andere zu beherrschen, erntet nur Frustation und Aufruhr. Wenn Leute das mit mir versuchen, dann sage ich ihnen meine Meinung, lasse sie stehen und schenke ihrem Machtspiel keine Beachtung. Wenn man aber gedrängt wird, muß man ab einem bestimmten Punkt Stellung beziehen. Es hat zahlreiche schriftliche wie mündliche Äußerungen von Paul Twitchell gegeben, in denen die Initiierten gewarnt werden, daß sie in unvorstellbarem Maße werden leiden müssen, wenn sie mit den psychischen Kräften herumspielen oder sich auf sie einlassen.

Jeder, der in die Kraft des Spirit eingeweiht worden ist, muß im Auge behalten, daß es sich bei diesen durch die Meister erteilten Initiationen um die ältesten unter allen Religionen und Gesellschaften, ob geheim oder nicht, handelt. Wenn Du auf die spirituelle Stadt Agam Des blickst, kannst Du wirklich erkennen, welch einer Aufgabe sich Paul Twitchell unterzogen hat, alle Lehren von dieser Erde, wie auch die in den Weisheitstempeln übermittelten zu studieren, um sie an die Öffentlichkeit zu bringen. Jetzt versuchen die dunklen Kräfte, sie zu zerstören. Mach die Augen auf und höre, aber nicht auf Geschwätz!

Als Spiritueller Meister arbeite ich mit Liebe, mit göttlicher Liebe, von den reinen positiven Gottwelten aus. Alle Erwachsenen und Kinder, die eine negative Erfahrung im Traum oder im Wachbewußtsein machen, sollen sich daran erinnern, auf die folgende Weise den Mahanta (Inter-Meister) anzurufen: May-hon-tay (dt.: Meei-hon-teei). Das wird den negativen Angriff oder die Wesenheit, die Dich verstört, vertreiben. Paul Twitchell, wie auch ich selbst, haben zahlreiche Wesenheiten erlebt, die versuchten, sich als einen der Meister auszugeben. Erinnere Dich dann, daß wenn eines der spirituellen Mitglieder in Deine Sphäre

(Welt) tritt, ihm immer Liebe vorausgeht, denn das ist die Art und Weise der Meister.

Ich rufe keinen neuen Weg ins Leben, sei er religiöser oder anderer Art. Ich bin hier, um die Botschaft der Meister von Spirit und Gott weiterhin unverfälscht zu bewahren.

15

Der Verant-
wortung ins
Auge sehen

Der Mensch ist ein komplexes Wesen und ist mit seiner Evolution, der vergangenen, gegenwärtigen und zukünftigen, Gegenstand fortwährenden Interesses für die meisten, die sehen und verstehen können.

● **Nichts kann uns etwas anhaben, wenn wir ihm nicht Einlaß in unser Inneres gewähren.**

● **Der einzelne Mensch muß seiner Verantwortung ins Auge sehen und sie vor seinem Gewissen vertreten, wenn sonst sich auch niemand dafür interessiert.**

● **Du brauchst Dir nur die jungen Leute von heute anzuschauen, um zu sehen, daß es jedem von ihnen an Selbstachtung mangelt.**

Schutz Deiner selbst ist in diesem Leben Deine eigene Verantwortung und nicht die eines anderen. Der Meister wird eine innere Warnung aussprechen, doch es ist Sache des einzelnen, sich zu schützen. Das ist nicht schwierig, denn es ist eines der leichtesten Dinge, die man in diesem Leben lernen kann. Du brauchst nur Kontrolle über Dich selbst, mit deren Hilfe Du in dieser materiellen Welt und ihren irdischen Dingen für Dich sorgst. Solltest Du Deine innere Selbstkontrolle verlieren, so ist das erste, was passiert, daß Verwirrung einsetzt. Dann könntest Du Gedankenformen einströmen lassen, die einem anderen schaden könnten oder zulassen, daß Depression von Dir Besitz ergreift. Das ist einer der Kunstgriffe Kals.

Auf diesem Pfad und auf jedem beliebigen anderen Weg müssen wir sehr genau auf die inneren Welten achtgeben wegen der verschiedenen Angriffe, die auf jeden von uns angesetzt werden können. *Nichts kann uns etwas anhaben, wenn wir ihm nicht Einlaß in unser Inneres gewähren.* Du mußt derartige Dinge, wie etwa eine psychische Wesenheit, die gegen Dich vorgeht, aus Deinen Gedanken verbannen. Siehst Du, ich erhielt ungefähr 25 bis 50 Pfeile von einem Bogen der dunklen Wesenheiten, die für Kal arbeiten (negativer Bereich), als ich Gruppen von

● **Nichts kann uns etwas anhaben, wenn wir ihm nicht Einlaß in unser Inneres gewähren.**

Seelen durch die dunklen Welten hinauf zur Seelenebene brachte.

Wenn ich so zurückblicke, hätte ich ein oder zwei Ferienjahre einschalten sollen, aber ich weiß, ich habe ein klares Bewußtsein und schlafe nachts, so wie mein Körper es braucht. Mein Rücken ist vollständig geheilt und ist ohne Schmerzen.

Paul Twitchell erzählte eine Geschichte über einen Metaphysiker namens Harold Sherman, der aufgrund einer Erfahrung glaubte, jemand habe ihn verletzt. Er hatte viel zu leiden, finanziell und gefühlsmäßig; doch die einzige Art, wie Du verletzt werden kannst, liegt darin, Dich verletzen zu lassen.

Wenn Du im Leben als junger Mensch oder als Erwachsener verletzt wurdest, mußt Du die Zeitspur in Dir selbst zurückverfolgen und auf Krisen achten; es geschah nur, weil Du selbst es zugelassen hattest. Nur wir selbst können uns verletzen, wenn wir es zulassen, verletzt zu werden; das ist ein Gesetz des Göttlichen Spirit. Nichts kann in unser Bewußtsein eintreten, außer wir lassen es zu. Das ist das Gesetz des Selbstschutzes.

Die meisten vergessen, daß es nur eine Quelle der Kraft
in allen Welten Gottes gibt, welche ES ist oder das Sugmad Selbst. Vom Sugmad aus fließt nur ein Strom von
Atomen, die positiv sind. Das ist die Kraft, die uns in allen
Fällen schützt, weil es die einzige Kraft ist, die es gibt. Es
gibt überhaupt keine negative oder positive Kraft. Warum?
Diese negative Kraft, wenn Du sie so nennen willst, existiert überhaupt nicht. Jeder von uns betrachtet im Inneren
das Bild des Lebens auf falsch Weise. Das liegt an vergangenen Konditionierungen, vergangenen Lehren, vergangenen Leben.

Denke daran, die Kraft Gottes ist weder richtig noch
falsch - es liegt an der Art, wie wir sie betrachten. Wir
sollten auf unsere Einstellung Gott gegenüber achten und
nur von der Seele aus arbeiten. Unser Blickwinkel ist der
wichtige Bereich, über den wir wachen müssen; Deine ge-
schärfte Aufmerksamkeit kann von Gott oder dem Göttlichen Spirit abschweifen, wenn Du zuläßt, daß die persönlichen Emotionen die Oberhand gewinnen. Um zu verhin-
dern, daß Dinge In Deinem täglichen Leben geschehen,
die Dich herunterziehen, halte Deine Aufmerksamkeit auf
Gott gerichtet. Es liegt alles an Selbstkontrolle und Selbstanalyse. Selbstkontrolle muß für Haltung und Aufmerk-

131

samkeit des einzelnen sorgen, während die Selbstanalyse verantwortlich sein sollte und sein wird für den Blickpunkt Problemen gegenüber, wie sie in uns allen auftauchen.

Vor etwa tausend Jahren sprach ein römischer Philosoph und Staatsmann, mit Namen Cicero, über einige Fehler des Menschen. Einer davon ist der "Versuch, auf andere Zwang auszuüben, daß sie glauben, was wir glauben und so leben, wie wir leben." Kein Adept, kein Spiritual Traveler und Meister, mich selbst eingeschlossen, wird sich jemals in Deinen Standpunkt einmischen. Das bedeutet, wir müssen uns selbst einfach objektiv betrachten und nicht zulassen, daß persönliche Emotionen aufkommen, die die Einstellung verfärben. Es ist so, als ob Du durch eine angelaufene Brille oder mit verschleiertem Blick schaust und versuchst, hinter oder durch den Nebel zu schauen. Wir müssen individuell einen absolut klaren Blick behalten; dann können wir Selbstkontrolle haben.

Dann ist das Geheimnis Gottes: Es gibt nur Gott, und Seine Kraft ist Gott. Ein anderes Geheimnis für den Verstand ist, daß es nur einen Verstand gibt, und daß dieser eine Verstand der Verstand des individuellen Wesens ist, Dein eigener und mein eigener Verstand. Das Problem stammt aus Lehren der Vergangenheit, die behaupteten, daß es ein Wesen getrennt und abseits von dem einen Geist gäbe, auch sterblicher oder menschlicher Verstand genannt. Der eine einheitliche Geist wurde immer überliefert und als Kraft anerkannt. Er hat keine Eigenschaften von Gut und Böse. Das mag man für gut oder schlecht halten, er ist frei von Bedingungen; daher ist er nicht klein, groß, dick, dünn, krank oder gesund. Dann sind wir im Zustand absoluten Seins und unbedingter Vollkommenheit, bis der Glaube an Gut und Böse ins Denken aufgenommen wird. Wenn wir von allen Theorien, von Aberglauben, Überzeugungen und falschen Vorstellungen des Verstandes frei sind, dann, und nur dann kann der Verstand über materielle Form harmonisch herrschen und zwar für immer.

Wann immer wir mit Kindern über ein Thema sprechen, das ihnen nicht paßt, lenken sie unsere Aufmerksamkeit auf etwas draußen vorm Fenster, auf einen Vogel im Baum oder auf etwas im Fernsehen, das sie gerade verpassen würden. Manchmal stellen sie sogar einige jener beunruhigenden Fragen, mit denen sie einigen Eltern Kopfschmerzen bereiten. Alles nur, um die Aufmerksamkeit vom Thema abzulenken, das wir mit ihnen besprechen wollen.

Ich weiß, daß viele von uns im Hinblick auf ihr Gewissen wie große Kinder sind. Wenn es um dieses Thema geht, versuchen wir es abzuwürgen, genau wie Kinder es tun. Das erste, was wir tun müssen, ist, uns zu fragen, ob es so etwas wie Gewissen, abstrakt gesehen, überhaupt gibt, oder ob das Wort nicht eine jener zahlreichen Illusionen darstellt, die von unseren Eltern an uns weitergegeben wurden. Denn Gewissen setzt in Wahrheit Freiheit voraus, und die Frage der Freiheit führt uns in das spirituelle Leben.

Es ist mir immer unverständlich gewesen, daß einige Leute über Unabhängigkeit oder Freiheit reden können, obwohl das Problem des freien Willens noch ungelöst ist. Theoretisch ist dagegen nichts einzuwenden, und wenn das Leben eine Theorie wäre und wir dazu hier wären, um ein vollständiges System des Universums auszuarbeiten, wäre es unwahrscheinlich, daß wir uns mit der Pflicht des Gewissens befassen würden, ehe wir das Thema der Unabhängigkeit und der Freiheit geklärt hätten, deren Bedingungen bestimmt und deren Begrenzungen festgelegt hätten.

Das leben ist jedoch keine Theorie; es ist eine Tatsache!
Der einzelne Mensch muß seiner Verantwortung ins Auge

sehen und sie vor seinem Gewissen vertreten, wenn sonst sich auch niemand dafür interessiert. Indem wir so handeln, ist es das Sugmad (Gott), dem wir mit unserem Gewissen verpflichtet sind. Wir aber machen uns in einem gewissen Ausmaß gegenseitig für unsere Handlungen und Taten etc. verantwortlich, ebenso wie wir auch Gott verantwortlich machen, solange wir nicht in Wahrheit Meister unserer eigenen Welt und unseres eigenen Universums geworden sind.

● **Der einzelne Mensch muß seiner Verantwortung ins Auge sehen und sie vor seinem Gewissen vertreten, wenn sonst sich auch niemand dafür interessiert.**

Ich habe diejenigen beobachtet, mit denen ich zu tun hatte, und habe bemerkt, nur wenige erkennen, wenn der unterbewußte Teil ihres Verstandes eine alte Gewohnheit aus der Vergangenheit an die Oberfläche bringt. Dies könnte eine Handlung sein, eine Behauptung oder auch eine Aussage, wodurch absichtlich jemand beleidigt wird; doch bewußt merken sie gar nicht, was sie da tun oder sagen.

Man muß nicht nur sein spirituelles Leben dem Inter-Meister (Mahanta) übergeben, um das zu überwinden, sondern man muß auch um Hilfe und Erkenntnis bitten von Irrtümern oder Fehlern, die man an sich haben mag. Die fünf Leidenschaften des Verstandes kommen ins

Spiel, und viele bedenken nicht, daß wir im physischen Körper nicht fähig sind, sie gänzlich zu überwinden. Kontempliere jeweils nur über eine.

Bei diesem Studium von Spirit, des Himmels und Gottes wirst Du merken, daß Deine Verantwortung für Dich selbst, wie auch für Deine Lieben, immer größer wird. Nun, Verantwortungen können vieles bedeuten, wie etwa die Achtung vor dem Direktor der Firma, für die Du arbeitest, denn er ist wie Gott in der Kette der Führungsgewalt. Er ist das Verbindungsglied für Dein Überleben, um die Miete zu bezahlen, um Reis zu kaufen und auch mal auswärts essen zu können.

● **Du brauchst Dir nur die jungen Leute von heute anzuschauen, um zu sehen, daß es jedem von ihnen an Selbstachtung mangelt.**

Du brauchst Dir nur die jungen Leute von heute anzuschauen, um zu sehen, daß es jedem von ihnen an Selbstachtung mangelt. Sie haben es zu Hause nicht gelernt, und wenn ja, hat ihnen die Fernsehsucht den Kopf verdreht. Die Erwachsenen dieser Welt haben niemanden, an dem sie herummeckern können. Sogar bei ihren Kindern treffen sie nur auf taube Ohren. Was also ist die Antwort? Sicherlich ist es nicht das Gebet; wenn ich für einen Punker, einen Jungen oder ein Mädchen beten wollte, das sein Haar blau oder grün gefärbt hat, würde es bedeuten, das Gesetz des Spirit zu brechen. Nur wenigen Menschen hier auf der Erde ist dieses Gesetz Gottes bewußt.

Der Mensch ist ein komplexes Wesen, und seine Evolution, die vergangene, gegenwärtige und zukünftige, ist Gegenstand fortwährenden Interesses für die meisten, die sehen und verstehen können. Manchen Menschen jedoch fehlt es an Verständnis für die jungen Leute von heute, für diejenigen in ihrer Umgebung. Sie suchen nach Anerkennung dessen, was sie sind und wollen beachtet werden. Die Rockkultur entstammt der Drogenära und wurde von England und Europa in dieses Land importiert. Die Jugend von heute muß von den Erwachsenen verstanden werden.

16

Reise nach Kashmir

Das meiste, was Du auf diesen Seiten oder in diesem Teil des Buches lesen wirst, wurde mir von diesem Mann zuteil, der aus der Wüste Gobi kommt. Er hat eine Hütte in den hohen Bergketten Kashmirs, in der Nähe von Afghanistan...

● **Die Aufgabe der Uralten Meister ist, auf Erden so viele reine Kanäle wie möglich zu schaffen, damit die göttliche Substanz durch uns Menschen für Gott wirken kann.**

● Wenn jemand unter einem Meister initiiert worden ist, hat er eine spirituelle Verbindung. Sie ist wie eine Telefonleitung...

● Ich öffnete meine Augen, und da stand Fubbi Quantz, sehr farbenprächtig gekleidet, mit einem sorgfältig gepflegten Bart und sah Jesus sehr ähnlich.

In den späten 70-er Jahren hatte ich das Glück und erhielt die Gelegenheit, nach Kashmir zu reisen und die Stadt Srinagar zu besuchen. Ich wanderte durch einige der Gebirgsausläufer, sprach mit ein paar Leuten und begegnete einem höchst ungewöhnlichen Mann, der sich schnell meinen demütigen Respekt erwarb, denn er gehörte durch Tradition zur Gruppe der Weisen aus dem Fernen Osten, einer kleinen Schar von Männern, die größtenteils aus der modernen Welt verschwunden sind, ohne eine Spur zu hinterlassen. Dieser Mann, der Große mit der kastanienbraunen Robe hat jegliche Aufzeichnung über seine Existenz vermieden und wollte keinerlei öffentliches Interesse.

Das meiste, was Du auf diesen Seiten oder in diesem Teil des Buches liest, wurde mir von diesem Mann zuteil, der aus der Wüste Gobi kommt. Er hat eine Hütte in den hohen Bergketten Kashmirs, in der Nähe von Afghanistan. Aus Sicherheitsgründen, wegen der Russen und ihrem Kampf gegen die um ihre Existenz ringenden Landesbewohnern ist er inzwischen von den Bergen in die Gebirgsausläufer Kashmirs umgezogen.

Junge, Junge, wie die Zeit davonrast! Wie ein brausender Ozean oder wie ein rasch dahinfließender Strom, der die menschliche Rasse davonträgt und unsere tiefsten Gedanken in einem Getöse untergehen läßt. Dennoch saß dieser Weise ruhig neben mir am grasbewachsenen Ufer und schaute auf den eindrucksvollen Jhelum mit einer Art stillem, halbem Lächeln auf dem Gesicht. Er begann zu sprechen.

"Die Welt verlangt von ihren großen Männern, ihr Leben an kümmerlichen Standardregeln wie an einem Zollstock zu messen. Aber es ist noch kein Zollstock erfunden worden, der ihrer ganzen Größe gerecht wird; denn solche Wesen, wenn sie wirklich das Salz dieser Erde wert sind, verdanken ihre Größe nicht sich selbst, sondern einer anderen Quelle, und diese Quelle breitet sich aus weit jenseits der Grenzen dieses Universums und aller Universen, dehnt sich aus ins Unendliche."

"Sie ist hier und da in den entlegenen Winkeln dieser Welt verborgen, so in Asien, Europa und in Teilen von Amerika. Einige wenige Seher haben Traditionen einer uralten Weisheit erfaßt. Sie leben wie Geister, in der Art, wie sie ihre Schätze hüten. Sie leben abseits der Menschheit und halten die göttlichen Geheimnisse lebendig. Le-

ben und Schicksal verbündeten sich, um sie ihnen anzuvertrauen und sie in ihre Obhut zu geben."

Eines Nachmittags, als ich durch die Innenstadt von
Srinagar ging, traf ich einen ehrenwerten Mann aus der
Wüste Gobi. Die Begegnung, obwohl kurz, haftet noch
immer in meinem Gedächtnis. Als ich an jenom Tag
herumlief, fühlte ich, daß ich jemandem begegnen würde,
wußte aber nicht, wem oder wo. Ich traf ihn völlig unerwar-
tet. Er machte keinen Versuch einer förmlichen Vorstellung, denn es war keine erforderlich. In dem Moment, als
unsere Augen sich begegneten und wir Blicke tauschten,
fand die Kommunikation in vollkommenem Schweigen
statt. Wir standen da, sahen einander in die Augen, und
was zehn, fünfzehn Minuten zu sein schienen, waren nur
zwei oder drei Sekunden, fünf im Höchstfall. Denn während dieser Zeitspanne läutete, so könnte man sagen,
eine Glocke in einem Kirchturm, ging ein Höchstmaß an
Kommunikation in der Seele vor sich.

Wir standen und sprachen kurz miteinander. Von diesem Mann strahlte eine starke unpersönliche Kraft aus. Er
stand da und las Abschnitte aus meinem Leben und ich
aus dem seinen. So etwas tut man nicht nebenbei. Man

141

muß mit der Seele aus seinem Körper herausgehen (nicht mit dem astralen oder mentalen Körper), die verschiedenen magnetischen Hüllen voneinander trennen und die Information, die man haben möchte, herausfiltern. Dieser ehrenwerte Mann war mir gegenüber im Vorteil, denn er war schon sehr viel länger auf der Erde als ich und war hierin erfahrener als ich. Er fand heraus, daß ich aus einem Hotel in ein anderes übergesiedelt war, und daß das Bett, in dem ich im ersten Hotel geschlafen hatte, zwar nicht zu weich, aber das Zimmer zu kalt gewesen war. Der Heizkörper wollte nicht funktionieren, und es gab keine andere übliche Heizung in dem Hotel. Er wußte darum und sagte zu mir: "Du weißt, wie Du Dich auf einem Eisberg warmhalten kannst; benutze Dein Wissen!"

● **Die Aufgabe der Uralten Meister ist, auf Erden so viele reine Kanäle wie möglich zu schaffen, damit die göttliche Substanz durch uns Menschen für Gott wirken kann.**

Er entnahm was für Arbeit ich getan hatte, um dabei zu helfen, die Botschaft der Uralten Meister der Welt zu bringen und sprach mit mir darüber. Und wie Paul Twitchell geholfen hat, mich zu führen, wie er mit mir gearbeitet hat, und ich selbst dann wiederum mit den Stillen. *Die Aufgabe der Uralten Meister ist, auf Erden so viele reine Kanäle wie möglich zu schaffen, damit die göttliche Substanz durch uns Menschen für Gott wirken kann.*

Dieser ehrwürdige Mann interessierte mich sehr, trotz
der Tatsache, daß seine Weisheit nicht von der Art war,
die leicht ersichtlich ist, und trotz der starken Zurückhal-
tung, die ihn umgab. Denn er kam aus der Wüste Gobi
und aus den Bergen Kashmirs. Er ist zu Fuß durch ganz
Indien gegangen, von Darjeeling an die westlichen Grenzen Kashmirs, von Kalkutta nach Allahabad, nach Neu
Delhi und hinauf nach Srinagar und in die Berge Kashmirs. Nach ungefähr zehn Minuten brach er sein gewohn-
tes Schweigen, nur, um Fragen zu verschiedenen The-
men und über die Natur der Seele des Menschen zu
beantworten.

Er meinte: "Ich werde Dir später mehr sagen, an den
Ufern des Jhelums und oben in der Ski-Hütte, wo Dein
Freund gerade Ladakh besucht. Dort werde ich mehr vom
Mysterium Gottes offenbaren, von den ungewöhnlichen
Kräften, die ungenutzt im menschlichen Verstand liegen.
Als nächstes, ehe er sich auf den Weg in die Wüste
machte, teilte dieser Mann mir mit, daß ich den Großen
mit der kastanienbraunen Robe treffen würde, der durch
all diese Berge gewandert war, "und wundere Dich nicht,
wenn Du mit ihm zusammen bist und er in ein noch größeres Schweigen verfällt, als Du es an mir erfahren hast."

143

Warum war ich nach Kashmir gekommen? Ich muß etwas ausholen und Dir von meiner Arbeit erzählen. Ich bin durch die ganze Welt gereist, habe gelehrt und mit Leuten gearbeitet, nicht, indem ich predigte und Forderungen stellte, sondern in der Weise, daß ich einige der Prinzipien vermittelte, die Paul Twitchell mich gelehrt hatte. Er hatte schon mein ganzes Leben lang mit mir gearbeitet. Ich bin ihm erst begegnet, als ich Mitte dreißig war, außer im Traumzustand, und einmal, wo er in meinem Zimmer erschien, als ich noch ein Kind war.

Ich begegnete diesem Mann 1969 in Los Angeles bei einem Seminar, das er dort hielt. Ich bekam von Paul Twitchell verschiedene Initiationen in die Geheimnisse der Uralten Lehren der Meister, die über die Goldenen Weisheitstempel wachen. Man kann sie besuchen, indem man in den inneren Tempel geht, und während man sich spirituell entfaltet, wird einem mehr Wissen gegeben; denn man wird auf jedem Schritt des Weges geprüft, um festzustellen, ob man es ehrlich meint oder nicht, ob man vertrauenswürdig, treu und demütig ist und ergeben allein den Stillen und Gott Selbst.

Als ich die Meisterschaft erhielt und sie mir im Oktober
1971 übergeben wurde, fragte ich mich, wie ich Pauls
Fußspuren folgen könnte. Es schauderte mich, denn
dieser Mann war ein produktiver Schriftsteller gewesen,
sehr sprachgewandt, sehr bewandert in den geheimen
Wissenschaften, und ich hatte keinen der geheimen Wege
studiert. Ich wurde in den Ebenen Nord-Dakotas in einem
kleinen Bauerndorf großgezogen, und als ich ein Teena-
ger war, zogen wir um nach Portland in Oregon.

Musik spielte in meinem Leben eine wichtige Rolle. Ich
arbeitete an vielen Arbeitsplätzen. Immer hatte ich Freude
an dem, was ich tat, ganz gleich, was es war, und ich tat
immer das Beste, das mir möglich war, mit einem Lied im
Herzen, immer pfeifend. Ich verbrachte 18 Monate in der
Armee der Vereinigten Staaten als Fallschirmspringer, und
es machte mir Freude. Als ich dieVerantwortung für die
spirituelle Arbeit auf mich nahm, wußte ich noch wenig
davon, daß ich mich in gewissem Umfang auch mit der
physischen Seite dieser Belastung würde auseinanderset-
zen müssen.

Ein großer Teil bestand in Reisen, auch ein wenig
schreiben; viel Zeit jedoch verwendete ich dafür, mit

einzelnen Menschen in der Seele zu arbeiten, die von ihrem Heim aus, im inneren Tempel oder an ihrem Arbeitsplatz laut nach mir riefen. Wenn ich sage "laut rufen", bedeutet das nicht, daß sie mit Worten schreien; doch innerlich können sie genauso laut rufen wie mit dem Mund.

● Wenn der einzelne unter einem Meister initiiert wird, hat er eine spirituelle Verbindung. Sie ist wie eine Telefonleitung,...

Wenn der einzelne unter einem Meister initiiert wird, hat er eine spirituelle Verbindung. Sie ist wie eine Telefonleitung, und sie begleitet ihn während seines ganzen Lebens, vorausgesetzt, daß er etwas Initiative einsetzt und sich spirituell entfaltet. Er wird nicht bevormundet; er hat vollständig freien Willen und wird spirituell geführt, wenn die Bitte um weitere Hilfe auf dem Pfad ausgesprochen wird.

Es ist einem Menschen möglich, die Seelenebene im Seelenkörper zu erreichen, während er hier auf Erden ist, und zu begreifen, wann es Zeit ist zu gehen, wie er gehen soll, und wie die Grenzen des Todes zu überschreiten sind (was der Mensch für den Tod hält), ohne dem Engel des Todes zu begegnen und an den Ort gebracht zu werden, für den man sich spirituell vorbereitet hat. Man lernt zu heilen und bei dieser Arbeit zu helfen. Du brauchst den Menschen nicht zu sehen, Du berührst ihn nicht. Du wendest keine Magie an, Voodoo oder dergleichen. Es geschieht durch die Seele.

Die Arbeit des Meisters, wie ich sie verstehen lernte, sie aufnahm und ausführte, ist eine 24-Stunden Aufgabe, zusätzlich zu der in den anderen Körpern. Ganz gleich, wohin ich gehe, ich bin immer beschäftigt. Der Druck liegt Tag und Nacht auf mir. Ich schlafe ein oder zwei Stunden hintereinander, und ich habe Glück, wenn ich drei bis vier Stunden schlafen kann. Das geschieht jedoch selten. Dies gilt auch für Rebazar Tarzs, Yaubl Sacabi, Fubbi Quantz, Banjani und jene, die in den Weisheitstempeln arbeiten, ob in den hohen Himalayas, der Wüste Gobi oder an anderen Orten hier auf der Erde. Denn es gibt Menschen, die die Menschheit begleiten und mit ihr arbeiten, um ihr zu helfen. Der Mensch allerdings weiß nichts davon, denn er hat noch viel über sich selbst und das spirituelle Leben zu lernen.

Meine erste Begegnung mit einem spirituellen Giganten war die mit Yaubl Sacabi. Dieser beeindruckende Mann ist ein bißchen kleiner als ich, von etwas untersetztem Wuchs und völlig kahlköpfig. Und von welchem dieser Meister ich auch rede, es umgibt sie ein strahlender Glanz; Du siehst ihn, und Du fühlst ihn. Du weißt, daß sie ganz besondere Wesen sind. Paul sprach von ihnen als übermenschliche Wesen; dennoch sind sie sehr bescheiden und geradeheraus, wenn Du einmal einem von ihnen begegnest. Du wirst die Begegnung niemals vergessen! Dieses Treffen kann sich im Traumzustand, während einer Meditation oder eines Gebetes ereignen. Denn wir müssen durch die Uralten Meister demjenigen Menschen helfen, der von allen Symbolen dieser Welt Abstand gewonnen hat und nach Gott ruft und betet oder nach ihm Ausschau hält wegen Führung und Beistand, und der sagt: "Hier ist mein Leben! Nimm dich meiner spirituellen Sehnsucht an;" und sie dann abgibt und losläßt. Dann geschieht das Wunder!

Ich bin Rebazar Tarzs in meiner Jugend viele Male im Traumzustand begegnet. Ich wußte nicht genau, was seine Aufgabe war, aber er hatte immer ein Auge auf Paul Twitchell und half ihm von Zeit zu Zeit. Seit Oktober 1971 bin ich ihm oft begegnet. Wir haben uns gegenseitig auf vielerlei Weise geholfen, und wir werden das noch mehr Jahre fortsetzen als man sich vorstellen kann.

Während meiner Schulung starb mein Vater. Eines Nachmittags, nachdem ich meine spirituelle Übung gemacht hatte, fühlte ich die Gegenwart eines Wesens. *Ich öffnete die Augen, und da stand Fubbi Quantz, sehr farbenprächtig gekleidet, mit einem sorgfältig gepflegten Bart und sah Jesus sehr ähnlich.* Nach dieser Begegnung und der Kommunikation, die wir hatten, wußte ich, daß er der Mann war, der meiner Mutter erschienen war, als sie elf Jahre alt war und damals in Nord-Dakota in einem Schweinestall auf dem Erdboden schlief. Seitdem habe ich ihn viele Male gesehen und oft mit ihm gearbeitet, und das werde ich weiterhin tun bis in alle Ewigkeit und darüber hinaus.

Ungefähr ein Jahr bevor ich den Stab der Macht übernahm und nachdem meine Mutter gestorben war, machte ich eine spirituelle Übung und begegnete Khwaja Khizar, einem Mann, der viele Jahre über diese Erde gegangen ist. Er sieht grün aus und hat orientalisch geschnittene Augen. Eine wunderschöne Seele! Ich saß in Kontemplation, und nachdem ich eine Weile das HU gesungen hatte, lehnte ich mich zurück. Ich schaute ruhig und lauschte dem sanften Tonstrom, als eine Flut von Liebe mich überwältigte. Kurz darauf erschien diese freundliche, liebevolle und mitfühlende Seele. Ich erwarte von niemandem, mir zu glauben, doch seine Haut ist grün. Wo kam er her,

● **Ich öffnete die Augen, und da stand Fubbi Quantz, sehr farbenprächtig gekleidet, mit einem sorgfältig gepflegten Bart und sah Jesus sehr ähnlich.**

149

könnte man fragen? Er ist viele Jahre lang auf dem Planeten Erde gewesen.

Wir sind niemals allein! Gott kümmert sich um jeden als Seele und schickt in jedem Zeitalter einen Vi-Guru, einen Avatar, um jene Seelen zu führen, die zu ihrer wahren Identität erwacht sind und die ihr Ziel erkennen, als Mitarbeiter von Spirit zu wirken.

Antworten auf Fragen des Lebens können im Tempel des Inneren gefunden werden. Es ist jedoch die Verantwortung des einzelnen, die notwendigen Schritte zu unternehmen, um die Gabe der Erkenntnis, wer er ist und was seine Aufgabe ist, zu empfangen, für die er sich in den niederen Welten Gottes aufhält. Sie sind ein Übungsfeld für die Seele, und sobald der Schüler den Meister getroffen hat, ist er oder sie soweit, im spirituellen Abenteuer des Lebens voranzukommen, hier und jetzt.

Es ist jedoch an Dir, die Entscheidung zu treffen!

17

Sitze still
und tue
etwas!

Sitze still und tue etwas! Das war eine merkwürdige Antwort, die ich da erhielt, aber der Meister wollte nicht näher
auf sie eingehen...

● Mangelnde Energie, das zu bewerkstelligen,
was wir uns vorgenommen haben, ist eine Einschränkung, die uns hindert, das Beste aus
unserem Leben zu machen.

● Es ist allerdings auch möglich, daß solche
Hemmnisse die höheren spirituellen Kräfte im
Leben eines Menschen in Bewegung setzen...

● Solltest Du Dich dafür entscheiden, ein
Träger für den Willen Gottes zu sein, dann sei Dir
bewußt, daß dies ein sehr schmaler Pfad ist;
Balance in allen Dingen ist dabei ein Muß.

Viele Menschen in dieser Welt, die sich verloren fühlen und keine Energie haben, hätten es nötig, "sich still hinzusetzen und etwas zu tun." Das war eine merkwürdige Antwort, die ich da erhielt, aber der Meister wollte nicht näher auf sie eingehen, und so blieb es mir überlassen, mir die Deutung dessen, was gesagt worden war, zu erarbeiten - dort, in den sternklaren Nächten der weiten Ebenen von Nord-Dakota.

Später ging mir auf, daß Paul Twitchell über das Problem sprach, dem sich die meisten von uns täglich gegenübersehen, nämlich die Tendez, energielos zu sein, träge und unfähig, in unserem Leben auf spiritueller oder physischer Ebene etwas voranzubringen.

• **Mangelnde Energie, das zu bewerkstelligen, was wir uns vorgenommen haben, ist eine Einschränkung, die uns hindert, das Beste aus unserem Leben zu machen.**

Mangelnde Energie, das zu bewerkstelligen, was wir uns vorgenommen haben, ist eine Einschränkung, die uns hindert, das Beste aus unserem Leben zu machen. Die meisten von uns beklagen sich über die Sinnlosigkeit des Lebens, das vom eigentlichen Lebensziel vollkommen abzuweichen scheint. Doch die meisten unternehmen nie etwas dagegen. Niederlagen schaffen Verluste, und wir werden in die niederen Ebenen hinabgestoßen, wo Trägheit, Leid und Frustation herrschen. Wir verlieren jeden

Schwung, den wir brauchen, um bei der Befriedigung der einfachsten Bedürfnisse des Lebens erfolgreich zu sein.

Als ich so auf dem Boden saß und zu den Sternen in der weiten Prärie Nord-Dakotas hinaufschaute, begann ich einfach zu verstehen, was Paul Twitchell damit sagen wollte: "Sitz still und tue etwas!" Die meisten der Uralten Meister würden sich ebenso verhalten und nie direkt auf unsere Fragen antworten. Sie möchten, daß wir lernen, die Antworten selbst zu finden oder die 360-Grad-Technik zu benutzen. Ich erkannte, daß solche Frustationen und Einbußen zwei, manchmal drei Auswirkungen auf den Verstand eines Menschen ausüben können.

Zum einen schaffen sie ein Gefühl der Hilflosigkeit, denn man wird das Opfer seiner eigenen Bewußtseinszustände und das der äußeren Umstände. Zum andern können sie das Muster der Hilflosigkeit umkehren und eine ungeheure psychische Kraft im Innern aufrühren, die sich zu Aggressionen gegen unsere Mitmenschen aufbaut. So etwas kann in einer Ehe vorkommen, wenn ein Partner einen Punkt der Hilflosigkeit erreicht und versucht, sich als gleichwertig innerhalb der ehelichen Beziehung darzustellen, sein Versagen aber in Angriffslust seinem Ehepartner gegenüber umgeschlagen ist. Untersuche die Geschichte im Hinblick auf solche historischen Führerpersönlichkeiten wie Hitler, Napoleon, Jim Jones und viele andere, die Opfer aggressiver Reaktionen infolge von Einengung und Unterdrückung in ihren jungen Jahren wurden. Um das unter Beweis zu stellen, schlage einfach nach in den blutroten Blättern der Geschichtsschreibung.

● **Es ist allerdings auch möglich, daß solche Hemmnisse die höheren spirituellen Kräfte im Leben eines Menschen in Bewegung setzen, ...**

Es ist allerdings auch möglich, daß solche Hemmnisse die höheren spirituellen Kräfte im Leben eines Menschen in Bewegung setzen, so daß er ein wahrhaft inspirierter Führer wird, um andere in die höheren Bereiche spirituellen Wissens anzuheben. Wenn man das tut, inspiriert man viele in der ganzen Welt, die nicht wissen können, wer ihnen half oder sie sogar mit einer Eingebung beschenkte. Die Quelle des Spirit arbeitet so, daß sie einem eine Führungsposition zuweist, von der aus Du vielen helfen kannst, ein inspiriertes Leben zu führen.

Einige, die mir schreiben und sagen, sie seien von den dunklen Kräften der negativen Macht gebunden, können das sofort umkehren durch Anwendung der Gottkraft; jedoch lassen sich die meisten durch diese negative Kraft in einen niederen Energiezustand treiben, der sie davon abhält, einander nützlich zu sein oder als ein Mitarbeiter

Gottes zu dienen.

Wie Paul Twitchell es in einem seiner Vorträge sagte, die

schwarze Magie tobt sich überall auf der Welt aus. Der

erschreckende Aspekt daran ist, einige sind sich in keiner

Weise bewußt, daß sie sie gegen andere anwenden. Ich

weiß, daß dies der Fall ist, da ich die Welt, ihre Menschen

und die vollzogenen Entwicklungen beobachte. Die dunkle

Macht verfügt über eine Methode, diejenigen festzuhalten,

die mit ihr umgehen. Die meisten vergessen, daß der Ge-

brauch der Verstandeskräfte es ist, wodurch man hier in

der physischen Welt etwas erreicht. Das geschieht durch

den Einsatz von Macht und mentaler Stärke gegen den

Willen eines anderen.

Der Gebrauch der weißen Magie geht von den spirituellen

Mächten aus, um ein Ziel in den spirituellen Welten zu

erreichen. Um die Anwendung dieser spirituellen Kraft in

jeder der Welten Gottes unterhalb der Seelenebene zu er-

langen, muß man seinen Willen zugunsten der Wünsche,

die Gott an einen hat, aufgeben und diesen Wünschen

nachkommen, ganz gleich, wo der Weg verläuft und wel-

chen Schwierigkeiten man begegnen mag. Das geht in der

Seele vor sich und ist eine individuelle Entscheidung vollzogen im physischen Körper.

• Solltest Du Dich dafür entscheiden, ein Träger für den Willen Gottes zu sein, dann sei Dir bewußt, daß dies ein sehr schmaler Pfad ist, Balance in allen Dingen ist dabei ein Muß.

Solltest Du Dich dafür entscheiden, ein Träger für den Willen Gottes zu sein, dann sei Dir bewußt, daß dies ein sehr schmaler Pfad ist, Balance in allen Dingen ist dabei ein Muß.

Viele Autoren haben dargelegt, daß diejenigen, die sich der schwarzen Künste bedienen, zügellose Anhänger der negativen Kraft sind. Sie sollten aber wissen, daß der Tag der Abrechnung früher oder später kommt, denn das Psychische - dieser Aspekt der negativen Kraft - ist keine beständige Kraft, während die spirituelle Kraft die positive Kraft ist.

Diejenigen, die die Methoden der dunklen Macht praktizieren, sinken wirklich auf der Lebensskala nach unten ab zu dem, was ihnen nicht lieb ist, weder gesundheitlich, noch wirtschaftlich. Sie werden das gleiche oder doppelt so viel erleiden müssen in eben dem Maß wie diejenigen, die sie unter ihre Herrschaft und Kontrolle gebracht haben. Ich habe ein paar Briefe von Leuten bekommen, die behaupten, sie seien Opfer der dunklen Macht oder von solchen, die die Kraft des göttlichen Spirit benutzen möchen, um andere unter ihre Kontrolle zu bringen.

Diese Art Anfrage kommt üblicherweise von denen, die vollkommen unwissend sind über die Arbeitsweise des Spirit. Ganz gleich, was in Deinem Leben passiert, schaue auf das Licht des Sugmad, denn darin hast Du die Wahl.

18

Mitgefühl

In der ersten Zeit habe ich ihn (den Meister) mir und anderen gegenüber sagen hören: Warum sollte er seine Botschaft verkünden, wo sie doch niemand verstehen könne.

● **Diese Neun Stillen sind die wahren Sendboten Gottes.**

● **Liebe ist etwas, das viele Menschen suchen, aber sie bleibt ihnen versagt; sie müssen lernen, Liebe zu geben.**

● **Man lernt durch diese Lehren und auf diesem Pfad, daß Mitgefühl und Weisheit einander bedingen.**

Wer zum Tempel im Inneren geht und in den Uralten Lehren unterwiesen wird, die Jahrhunderte lang von diesen Meistern weitergegeben wurden, die die wahren Sendboten Gottes sind, wird entdecken und lernen, daß sie unmittelbar aus dem Herzen Gottes kommen. Die Meister verbreiten die Botschaft Gottes in dem Sinne, daß sie Seine Werke verrichten, ganz gleich, was ES ihnen aufträgt und auf welchem Planeten, in welchem Universum oder in welcher Galaxie auch immer dies geschehen soll. *Diese Neun Stillen sind die wahren Sendboten Gottes.*

● **Diese Neun Stillen sind die wahren Sendboten Gottes.**

Wir müssen werden wie sie, gütig und voller Mitgefühl für jene, die verstrickt sind im Machwerk und in den Netzen der dunklen Macht der niederen Welten, auch Satan oder Kal genannt. Diese Sendboten unterliegen nicht dem Gesetz der dunklen Mächte, die die meisten Seelen im Gefängnis dieser Erde festhalten. Du wirst merken, daß diese Sendboten Gottes weder mit Gut und Böse befaßt sind, noch mit den karmischen Gesetzen, sondern mit einer allumfassenden Vorstellung Gottes, ganz gleich, auf welchem Planeten, in welcher Galaxie oder in welchem Universum. Sie sind übermenschliche Wesen, die auf diesen Planeten gekommen sind. Einige halten sich hier auf, um der Menschheit zu zeigen, wie sie über die Moralgesetze, über die negativen Gedankenformen hinausgehen kann, die uns an die niederen Welten binden.

Ich habe nachgedacht und mich oft und wiederholt gefragt, warum ich dieses tiefe Mitgefühl in mir verspüre für jene Seelen, die durch die von Menschen geschaffenen Religionen niedergehalten werden und die nicht sehen, daß sie durch deren Netzwerk gegängelt werden; und ich habe mich gefragt, warum es gerade meine Aufgabe sein sollte, überhaupt den Versuch zu machen, dieser Welt die Lehren der Uralten Meister zu bringen. Was sie dem einzelnen anzubieten haben, können jene Menschen nicht begreifen, die ganz von weltlichen Dingen und von weltlichem Verlangen in Anspruch genommen sind, was nur die physischen Sinne befriedigt und Leid nach sich zieht.

Diese Botschaft ist viel zu überwältigend. Gewiß, es gibt geheimes Wissen; das aber ist im inneren Tempel frei zugänglich für jeden, der sich die Zeit dafür nimmt. Ja, es bleibt dem Bewußtsein jener Menschen verborgen, deren Trachten sich nur um die Dinge dieser Welt dreht und deren Aufmerksamkeit nur von dem Denken an das Alltägliche in Anspruch genommen ist. Ich weiß, daß es Paul Twitchell auch oft so zumute war. In der ersten Zeit habe

ich ihn mir und anderen gegenüber sagen hören: Warum
er seine Botschaft verkünden sollte, wo sie doch niemand
verstehen könne. Der einzige Gedanke, der ihm in den
Sinn kam, tief im Innern, sagte ihm immer wieder, daß ja
nur der Körper ermüden würde.

Wer sich bemüht, Liebe zu verstehen und wer versi-
chert, Liebe für seinen spirituellen Traveler, Ratgeber oder
Meister zu empfinden, muß im Herzen, im Denken und
von ganzer Seele aufrichtig sein. Sollte das nicht der Fall
sein, so wäre es eine nutzlose Geste und nichts als leere
Worte. *Liebe ist etwas, das viele Menschen suchen, aber
sie bleibt ihnen versagt; sie müssen lernen, Liebe zu geben.* Das ist die verbindende Kraft zwischen Seelen, die
einander nichts zu schenken haben außer sich selbst. Sie
ist keine Naturkraft im physischen Sinne, sondern eine
Kraft überaus tiefen, zärtlichen Mitgefühls, stets bereit,
alles zu geben, sollte ein anderer darum bitten.

- **Liebe ist etwas,
das viele Menschen
suchen, aber es
bleibt ihnen versagt;
sie müssen lernen,
Liebe zu geben.**

Wenn der Meister vom Schüler oder von dem, der zu
ihm aufschaut, verlangen sollte, alles im Leben aufzugeben, so sollte das auch geschehen; und das ist eine Angelegenheit, über die so viele stolpern, die sie mißverstehen oder wirklich nicht erkennen. Worum er wirklich bittet,

161

ist jenes Mitgefühl, jene tiefe Liebe. Es muß eine tiefe Liebe sein. Nichts sollte zwischen dem Schüler und dem Meister stehen, weder Meinungen, noch Gedanken, materielle Belange und Gefühle. Diese Dinge sollte man restlos aufgeben, um dem Inter-Meister zu folgen. Wenn man nicht willens ist, das zu tun, ist man nicht bereit, die reinen spirituellen Welten zu betreten.

Ein besonnener Mensch ist der, der Spirit in sich sammelt, wobei er sich zugleich die Zeit nimmt, die spirituelle Liebe weiterzugeben, die in ihm ist. Er gehört nicht zu den Menschen, die nur für einige wenige Mitgefühl haben, sondern für alle. Sehr wenige nur verstehen das, denn ein solcher Mensch ist in der Lage, unter Übeltätern, Dieben, Betrübten, Räubern und Narren zu leben. Er bejaht das Leben, wie auch immer es ist, und er gibt allen seine Liebe. Er ist der Weise, der alles, was er hat, seinen Mitmenschen geben kann; denn er bringt Liebe auf für jene, die begierig aufnehmen, was er gibt, und sie werden tausendfach gesegnet sein durch seine Liebe, die eine göttliche Liebe ist.

● **Durch diese Lehren und auf diesem Pfad lernt man, daß Mitgefühl und Weisheit einander bedingen**

Durch diese Lehren und auf diesem Pfad lernt man, daß Mitgefühl und Weisheit einander bedingen. Denn abgese-

hen davon, daß Mitgefühl einen Menschen dazu bewegt, sich gütig seinen Mitmenschen gegenüber zu verhalten, ist es auch ein Geschenk an ihn selbst. Denk darüber nach! Alle Gaben an Gedanken, Zeit und Energie, an materiellen Gütern oder an Reichtum vermehren sich auf Kosten des eigenen Egos, welches in gleichem Maße schwindet. Du wirst daher merken, daß mit schwindendem Ego Weisheit entstehen wird, und mit zunehmender Weisheit wächst Mitgefühl. Denn je klarer einem wird, daß der Unterschied zwischen dem "Ich" und den "anderen" unwirklich ist, umso natürlicher ist es, Mitgefühl zu haben. Die strahlende Weisheit, die sich allmählich in einem friedvollen Geist und Herzen einstellt, führt zur vollkommenen Erleuchtung mit dem Verständnis von Sat Nam.

Wenn der Spiritual Traveler, welcher der Meister ist, mitten unter den Menschen dieser Welt weilt und auf die Menschen zugeht, indem er irgendwo einen Vortrag hält und durch das gesprochene Wort lehrt, so ist das nur ein Bruchteil dessen, was er durch seine bloße Gegenwart, seine Persönlichkeit und durch sein lebendes Beispiel lehrt. Denn er ist sich immer seiner eigenen Unzulänglichkeit im weltlichen Bereich bewußt und der Grenzen, die Wort und Sprache gesetzt sind; das ist die Ursache,

warum er zögert, das göttliche Wissen aus den Uralten
Lehren der Meister kundzutun, indem er etwas in Worte
kleidet, das zu tiefgründig und subtil ist, als daß der Verstand, ausgehend von Logik und üblicher Beweisführung,
es begreifen könnte.

Trotz dieses Wissens, das er über die Masse wie auch
über den hochgebildeten Menschen haben mag, verbreitet
der Meister weiterhin die Wahrheit aus Mitgefühl für alles
Leben, und er weiß, daß bei den wenigen, deren Augen
noch kaum geöffnet sind, der Blick durch Illusionen ver-
schleiert ist, und daß das Gehör beeinträchtigt ist durch
Kals Deckmantel der Dunkelheit. Doch er vermeidet strikt,
über die letztendlichen Dinge zu sprechen, und er lehnt es
ab, Fragen zu beantworten, die sich auf den höheren
Zustand der Realisation beziehen und auf die Schwierigkeiten, die über das Begriffsvermögen des menschlichen
Intellekts hinausgehen.

Denn Du wirst merken, daß der Spiritual Traveler und
der Mahanta sich darauf beschränken, den praktischen
Weg zu zeigen, auf dem der Mensch in seiner Eigenschaft
als spirituelles Wesen mit seiner spirituellen Fähigkeit
sämtliche weltlichen Probleme lösen kann.

Denn seine Gespräche und seine Schriften erklären im allgemeinen das Wesentliche der Lehren in der Form, die der Fähigkeit der Zuhörerschaft angemessen ist, das zu begreifen, was gesagt oder geschrieben wurde. Während der Spiritual Traveler sich mitten unter den Menschen auf der Erde aufhält, muß er ständig wachsam sein, denn der orthodoxe Gläubige wird ihn dauernd angreifen, und keiner wird ihn verstehen. Diejenigen, die ihn doch verstehen, wollen ihn sowieso aus dem Weg haben. Dieses Unvermögen zu verstehen, ist eher moralischer als intellektueller Natur.

Mitgefühl und Bescheidenheit sind im weltlichen Bereich nicht anzutreffen. Mitgefühl ist das, was den Chela mit dem Mahanta, dem Spiritual Traveler, verbindet.

19

Die Existenz
des Selbst

Die Atome in Dir zu verstehen, bedeutet Gott zu verstehen. Der Meister bringt Dich in der Atomstruktur in die Goldenen Weisheitstempel, während der Körper schläft.

● Andere Menschen können unser Leben allein durch ihre Gedanken mit negativen Umständen belasten.

● Ein tief im Inneren des Menschen freigesetztes Verlangen hat ihn darauf vorbereitet, dem direkten Pfad zu folgen; doch muß er lernen, sein inneres Reden aufzugeben, die Dinge loszulassen, an denen er mit seinem Verstand festhängt.

● An jenem Ort der verborgenen Hilfsquellen wirst Du auf die Stufe großer intuitiver Erkenntnisfähigkeit gelangen und Dich unter die inspirierten Begleiter Gottes einreihen.

● Das größte Geschenk, das wir uns selbst machen können, ist Gottrealisation in diesem Leben.

Es gibt da draußen viele Galaxien und viele Welten, die tatsächlich Leben und Lebensformen bergen, wie wir sie kennen. Nachdem ich einer Reihe verschiedener Uralter Meister begegnet war und die Last auf mich nahm, zu reisen, um Menschen in verschiedenen Ländern und aus unterschiedlichen sozialen Schichten zu begegnen, wurde mir klar, daß viele Menschen auf der ganzen Welt und in allen möglichen Lebensumständen spirituelle Hilfe erhielten; sie wurden nicht nur spirituell geführt, sondern in ihrem täglichen Leben entwickelten sich Lösungen in Richtungen, die sie nie für möglich gehalten hätten.

Wenn die Seele, die in jedem einzelnen Lebewesen wohnt, anfängt, aus eigener Initiative etwas von diesem Wissen aufzunehmen, regelt sich ihr Leben in vieler Hinsicht. Bei einer solchen Aussage müssen wir uns darüber im klaren sein, daß der negative Strom immer gegenwärtig ist und wir ihm täglich gegenübertreten, sei es bei unserer Arbeit, auf der Straße, einfach überall, wo wir auch hingehen mögen, und zwar nicht nur in dieser Welt, sondern in allen niederen Welten, wo es Dualität gibt, wo es das Positive und Negative, das Yin und Yang gibt.

● Andere Men-
schen können unser
Leben allein durch
ihre Gedanken mit
negativen Umstän-
den belasten.

Andere Menschen können unser Leben allein durch ihre Gedanken mit negativen Umständen belasten. Zudem gibt es in der Geschäftswelt, im religiösen Leben, im politischen Leben hinterhältige Menschen, die auf der physischen Ebene immer alles über den Haufen werfen. Und manche Leute wissen nicht einmal, warum sie so etwas tun.

In der heutigen Zeit hat sich ein interessanter Wandel im Bereich des Denkens und des Glaubens vollzogen - und dieser Prozess ist noch im Gange. Schau nur umher! Hier im westlichen Teil der Welt praktiziert eine überaus große Zahl von Menschen Yoga und Meditationen verschiedener Art. Umgekehrt hat in der östlichen Welt eine große Zahl von Menschen sich dem Christentum zugewandt. Wenn man sich dessen bewußt wird und diese Tatsache wirklich in sich aufnimmt, drängen sich Fragen auf. Wohin gehen wir von hier aus?

Wenn die Anschauungen eines Menschen, die man als "religiösen Glauben" bezeichnen könnte, ihm nichts mehr geben und die Menschen in verschiedenen Teilen der Welt schauen, was die anderen machen, dann muß es eine riesige Anzahl geben, die für den nächsten Schritt bereit ist. Denn es gibt einen direkten Weg zu Gott, den man erfah-

en kann, und durch den sich das ES, Gott, in dieser Le-
bensspanne erfassen läßt. Du wirst nicht imstande sein,
Gott mit Deinem physischen Verstand und Körper ganz zu
begreifen, sondern Du wirst nur einen kleinen Teil von
Seinem Wissen aufnehmen können.

Ich werde im folgenden über die Seele sprechen, denn
wir bekräftigen oder leugnen die Existenz des Selbst so
offen, wie wir über das Atom sprechen oder über den Ursprung der Geschichte. Das ist ein bedeutsamer Schritt
voran und weist auf eine wachsende Sensibilität für die
Empfänglichkeit der Seele hin. Man kann die Psychologen
grob gesehen in zwei Gruppen einteilen: Die einen, die
das Vorhandensein eines lenkenden integrierenden Selbst
in der Beschaffenheit eines Körpers anerkennen, und die
anderen, die nur die Existenz der gegenständlichen Form
gelten lassen. Die Seele ist eine wirkliche, subjektive Realität. Spirituelle Bewußtheit ist etwas, das wirklich existiert.

Das ist das Problem, das sich einigen der religiösen Forscher und Psychologen stellt, die heute das Gebiet der
menschlichen Bewußtheit erforschen. Ich sage, die Existenz der Seele kann nachgewiesen werden, und man kann
Menschen dazu bewegen, den direkten Weg zu dem Hei-

169

ligen Ort zu betreten, wo man die Seele entdecken kann. Tausende von Menschen rund um die Welt, die sich unter der Obhut von Paul Twitchell befanden, haben dies bezeugt, und in den vergangenen dreizehn oder mehr Jahren bestätigten es diejenigen, die sich unter die Obhut seines Nachfolgers, Darwin Gross, begaben.

Paul und ich sind rund um die Welt gereist und haben Vorträge gehalten, während wir noch zu Hause beim Schreiben waren und anderen Menschen in unserem Seelenkörper erschienen. Die Zeitlosigkeit dieser Arbeit ist Realität. Sie bringt mit Schönheit und Klarheit die Wahrheit zum Ausdruck, die allzuoft verborgen gehalten wurde. Sie wird von denen begrüßt, die sich der Dringlichkeit des Augenblicks bewußt sind, nämlich daß die Bereitschaft der Welt für einen spirituellen Umbruch nunmehr eingetreten ist. *Ein tief im Inneren des Menschen freigesetztes Verlangen hat ihn darauf vorbereitet, dem direkten Weg zu folgen; doch muß er lernen, sein inneres Reden aufzugeben, die Dinge loszulassen, an denen er mit seinem Verstand festhängt.*

Die Bewohner der heutigen Welt stehen am Tor zur Wirklichkeit. Der Mensch lernt, die Welt des spirituellen

● **Ein tief im Inneren des Menschen freigesetztes Verlangen hat ihn darauf vorbereitet, dem direkten Weg zu folgen; doch muß er lernen, sein inneres Reden aufzugeben, die Dinge loszulassen, an denen er mit seinem Verstand festhängt.**

170

Seins zu erkennen und danach zu streben. Mit Hilfe von Satelliten kann er Nachrichten in die unterentwickelten Länder schicken, eine Kommunikationsweise, die zweispurig verläuft, denn die unterentwickelten Länder dieser Welt haben den Sprung in den technologischen Fortschritt dieses Landes gemacht. Darum sage ich, daß der Mensch houte am Tor der Realität steht und sein wahres spirituelles Sein entfaltet, um das tiefere Sein in sich zu finden, dessen Wesen zu enthüllen und bewußt in der Welt der Wahrheit tätig zu sein, in der es sich aufhält. Ich weiß, daß dies die vordringliche Aufgabe des Menschen ist, sofern er den Wunsch hat, die gegenwärtige Angst vor Kriegen und atomaren Angriffen zu verstehen und die Welt davon zu befreien.

Die MacArthur-Stiftung in Chicago hat der US-Regierung 25 Millionen Dollar für die Friedensforschung und dafür, wie Frieden möglicherweise erreicht werden könnte, zur Verfügung gestellt. Diese Leute verstehen die Geschichte dieses Universums nicht. Was für eine Verschwendung von 25 Millionen Dollar! Man könnte sie ebensogut in die äußersten Winkel des Universums schleudern! Man wird davon nichts mehr wiedersehen! Wo man das Geld doch dafür verwenden könnte, wirtschaftlich heruntergekommene Gebiete zu sanieren, dabei zu helfen, in Städten den Hungernden zu essen zu geben und Wohnungen zu bauen für Menschen, die nicht für sich selbst sorgen können.

Im Fernsehen wird ausgiebig und lautstark verkündet, daß das Königreich Gottes in Dir sei, und daß Du auf Jesus Christus schauen mußt. Wer die Behauptung aufstellt, daß man auf diese oder jene Person der Vergangenheit oder Gegenwart "schauen müsse", die als großer Erlöser, Heiliger oder frommer Mensch gilt, wer das laut verkündet und seiner Anhängerschaft aufdrängen will, führt die Öffentlichkeit in die Irre. Solche Leute versuchen, die Massen mit psychischen Kräften zu beherrschen.

Ein gewaltiges Maß an Verehrung für Jesus Christus erreicht uns aus dem Weißen Haus. Dieses Land war und ist für alle religiösen Anschauungen gegründet worden. Dermaßen viele Menschen in der Nachrichtenbranche, der Presse, dem Weißen Haus und auch Prediger etc. bezeichnen dieses Land als christlich. Es fußt aber nicht nur auf christlichen Prinzipien, weil es von Menschen aus vielen verschiedenen Ländern gegründet wurde, die von vielen verschiedenen Glaubensrichtungen und Kulturen herstammten. Sie kamen nach Amerika wegen der Freiheit, die dieses Land ihnen bot, wegen der Freiheit, ihrem Glauben und ihrer Lebensweise zu folgen. Man sollte Amerika als universales Land mit einer universalen Lebensweise betrachten und nicht als ein christliches Land, denn das Christentum geht seit der Jahrhundertwende seinem Ende entgegen.

Ich will die Menschen oder dieses Land nicht herabsetzen, und ich erwarte auch nicht, daß Du mir glaubst, was ich nun sagen werde. Es gibt solche, die wissen und die Wahrheit der Öffentlichkeit vorenthalten haben, und es gibt andere, die ihr spirituelles Wissen nicht erweitern möchten, jedoch nicht erkennen, daß es das einzige ist, was man mitnehmen kann, wenn man diesen Handlungsschauplatz verläßt. Jesus wollte nicht angebetet werden, auch Buddha nicht. Keiner dieser Männer wollte angebetet werden. Sie waren große Menschen in den Augen ihrer Zeitgenossen. Unsere Lebensumstände setzen sich heute völlig anders zusammen, und es gibt vieles, was über die himmlischen Welten geschrieben werden könnte von denen, die dort ein und aus gehen, während sie sich noch hier im physischen Körper befinden.

"Das Königreich Gottes ist im Innern", ist die Botschaft aller Zeiten, war es viele Jahre lang. Tausende suchen den direkten Weg, der zum Königreich Gottes führt. Wenn Du dort ankommst, wirst Du die Quellen aller Inspiration finden. Man entdeckt den Punkt, wo der Intellekt sich in Intuition umwandelt. Hier findest Du das Reich des erleuchteten Wissens, das Wissen über den Himmel, über diese Erde und über Dich selbst. Das ist Deine Belohnung.

● **An jenem Ort der verborgenen Hilfsquellen wirst Du auf die Stufe großer Intuitionsfähigkeit gelangen und Dich unter die inspirierten Begleiter Gottes einreihen.**

Die Strahlen, die einen Menschen durchdringen, der sich schnell verändert, lassen ihn wirklich leuchten. *An jenem Ort der verborgenen Hilfsquellen wirst Du auf die Stufe großer Intuitionsfähigkeit gelangen und Dich unter die inspirierten Begleiter Gottes einreihen.* Du wirst alten Meistern und anderen Gefährten begegnen. Du wirst Dich unter jenen wiederfinden, die versucht haben, diese Welt zu retten. So ist es immer gewesen. Es ist etwas für jemanden, der mutig und abenteuerfreudig ist. Es ist für solche, die wissen, die gesehen und verstanden haben. Verständnisvoll werden sie die Botschaft dieses Auftrags willkommen heißen und nicht nur seine Botschaft verbreiten, sondern auch für seine Weiterentwicklung sorgen. Du wirst sehen, daß der Auftrag die erleuchtete Flamme der Inspiration in sich trägt und zu inspiriertem Handeln, zu praktischer Spiritualität führt, auch zu hingebungsvollem Dienst am heiligen Spirit Gottes, der sich durch die Seele offenbart.

Das größte Geschenk, das wir uns selbst machen können, ist Gottrealisation in diesem Leben. Die alten Lehren der Meister sind seit Anbeginn der Zeit - was wir Zeit nennen - vom Meister an den Schüler weitergegeben worden.

Diese großen spirituellen Adepten haben die Menschheit alle Zeitalter hindurch geschult und geleitet, haben ihnen auf dem Weg zu Gott spirituellen Schutz gegeben. Wir haben sie unsere Schutzengel genannt oder haben ihre innere Führung an der kleinen, leisen Stimme im inneren Tempel gespürt.

Ihre Aufgabe ist es, die Individualität der Seele zu lehren, durch die Initiation das Atma (die Seele) zu entzünden und die erweckte Seele in ihre wahre Heimat zu bringen, die Heimat bei Gott, wo sie zu einem Mitarbeiter des Schöpfers wird, wo sie sich selbst dafür entscheiden kann, ihre Individualität bis in alle Ewigkeit zu bewahren.

Die Atome in Dir zu verstehen, heißt Gott zu verstehen. Der Meister bringt Dich in der Atomstruktur in die Golde-

> ● **Das größte Geschenk, das wir uns selbst machen können, ist Gottrealisation in diesem Leben.**

175

nen Weisheitstempel, während der Körper schläft. Hier ist der Ort, wo man Spirit, Gott und die himmlischen Welten verstehen lernt, der Ort, von dem alles Wissen stammt. Alles Leben strömt von dem einen Gott in alle Lebensformen und Universen. Man muß das Licht sehen und den Ton hören, um dieses Wissen zu erlangen und in den höchsten spirituellen Bereichen zu leben. Es ist tatsächlich eine Abkürzung auf dem Weg zum Zustand der Gottrealisation, ein direkter Weg zu Gott, ein universaler Weg, der allumfassend ist, wiederentdeckt von Paul Twitchell und der Gegenwart angeglichen, um in die geschäftige moderne Zeit hineinzupassen, in der wir auf dieser physischen Ebene leben.

Welches sind die verborgenen inneren Hilfsquellen, die dem aufrichtigen Wahrheitssuchenden zur Verfügung stehen? Sollte Dir diese Frage gestellt werden, dann kannst Du sagen: "Sie gehören Dir bereits und waren immer vorhanden - im inneren Tempel." Aber wenn Du sie bewußt in Dein Leben einbeziehen willst, um die Bewußtheit des Gott-Zentrums in Dir zu erwecken, müssen die spirituellen Übungen ein so wichtiger Bestandteil Deines Lebens werden wie Essen und Schlafen. Eine dieser Übungen, "der leichte Weg", ist in meinem Buch "Das Atom" beschrieben.

Die spirituellen Übungen sind Phasen der Kontempla-
ion, in denen der Schüler im inneren Tempel seine Aufmerksamkeit auf den Inneren Meister richtet. Diese Zeit-
spannen können ein- oder zweimal am Tag stattfinden,
beliebig zwischen fünfzehn Minuten bis zu einer halben
Stunde. Setze Dich bequem auf einen Stuhl, schließe Deine Augen und werde ruhig. Konzentriere Dich auf das spirituelle Auge bzw. das dritte Auge, auf die Stelle zwischen
den Augenbrauen. Singe innerlich die heiligen Namen Gottes, das HU oder das AUM, und halte den schwarzen Bildschirm in Deiner Vorstellung so frei von Bildern wie möglich. Vielleicht hörst Du einen Laut, wie wenn etwas platzt,
oder Du bist Dir bewußt, außerhalb des Körpers zu sein.

Bitte einen der Meister oder einen der Heiligen, bei dem Du

Dich wohlfühlst, in Deiner Nähe zu sein. Dein Körper kann

keinen Schaden nehmen, wenn Du ihn zurückläßt, da ja einer

ihrer Helfer über ihn wachen wird. Diese Übungen beginnen

eine Verbindung oder eine Beziehung zum Gott-Zentrum in

Dir herzustellen. Wenn man die Meister darum bittet, werden

sie einen auf eine kurze Reise in die anderen Welten mitneh-

men; aber sie dringen niemals ohne Erlaubnis in Deinen Frei-

raum ein. Es mag jedoch sein, daß sie in der Nähe sind, um

Dich im Notfall spirituell zu schützen.

Genauso wie physische Übungen physische Muskeln
entwickeln, die man für seinen Tagesablauf benötigt, entwickeln die spirituellen Übungen die spirituelle Muskelkraft
in Dir und knüpfen ein Band der Liebe und des Vertrauens
zwischen Chela und Lehrer, der einen Schüler niemals an
sich kettet, sondern ihn lehrt und ihm zeigt, wie man ohne
Schaden durch die niederen Welten in die reinen positiven
Gottwelten gelangt, wo der Schüler dann erfahren genug
sein wird, seine spirituelle Reise selbständig fortzusetzen.

Das ist unser Ziel als Mitarbeiter, nämlich die Lehre den
Nichtinitiierten vorzustellen und dem einzelnen dann zu
gestatten, sich mit seiner eigenen Geschwindigkeit zu entfalten, ihn niemals zu drängen und nie seinen Fortschritt
zu beurteilen oder zu versuchen, ihn zurückzuhalten.

Im inneren Tempel können Antworten auf die Fragen des
Lebens gefunden werden. Aber es liegt in der Verantwortung des einzelnen, die notwendigen Schritte zu tun, um
sich beschenken zu lassen mit dem Wissen, wer er oder
sie eigentlich ist, und was der wahre Zweck unseres Da-
seins in den niederen Welten Gottes ist. Sei ein Lichtstrahl
für die Welt, und leuchte hell, damit die Welt es sieht!

Die Mutigen, Unerschrockenen und Abenteuerfreudigen sind es, die das Angesicht des Herrn sehen, denen die größeren Reichtümer zuteil werden.

● Wir haben Maßstäbe für Erfolg und Versagen, die uns von Wirtschaft, Politik und Gesellschaft auferlegt werden.

● Du mußt in den niederen Welten nicht alle psychischen Bereiche durchleben.

● Wir müssen die Furcht überwinden, daß wir etwas verlieren könnten, irgendetwas, an dem wir sehr hängen...

Wir müssen lernen, wie wir uns selbst in allen Lebensla-
gen in der Hand behalten. Wenn Du das in einem Bereich
Deines Lebens lernst, so kannst Du sicherlich lernen, die
gleichen Prinzipien auch auf andere Bereiche anzuwenden.
Wenn jemand es vorzieht, auf eine stillere Weise Träger
für Spirit zu sein, so gibt es da viele Wege; denn wir sind
nicht alle gleich, und Spirit kann einen lautlosen Kanal so
uneingeschränkt benutzen, wie ein Atom, das darauf
brennt, es mit der Welt aufzunehmen. Einige gehen in
Krankenhäuser oder lesen Alten, Kranken und Verletzten
vor. Andere helfen bei der Arbeit mit Kindern und Behin-
derten aller Altersgruppen oder stehen Jugendlichen bei,
die in Schwierigkeiten geraten sind.

Das ist ein indirekter Weg, der Welt die Botschaft der
Meister zu bringen. Einige verteilen Plakate, veranstalten
Einführungsvorträge oder verteilen SOS-Bücher an Leih-
büchereien und Buchläden. Lohnende Wege, um den Tonstrom, der durch Dich fließt, auch hinausfließen zu lassen.

Manche Atome haben das Gefühl, sie täten nicht genug
für Spirit und die Meister; sie meinen, sie sollten mehr tun.
Niemand sollte sich jemals gedrängt oder gezwungen füh-

en, mehr zu tun als er glaubt, tun zu wollen. So ein Verhalten ist Teil unseres sozialen Gewissens, das dem Men-
chen eingedrillt wird und besagt, daß Du nicht "dazuge-
örst" und nicht erfolgreich bist, wenn Du nicht mithilfst,
asten zu tragen. Das stimmt so nicht ganz. *Wir haben*
ben Maßstäbe für Erfolg und Versagen, die uns durch
Virtschaft, Politik und Gesellschaft auferlegt werden. Und
venn der Mensch sich nicht der Lebensweise anpaßt, die
inige für erfolgreich halten, gilt er als Versager. In Spirit

● **Wir haben eben
Maßstäbe für Erfolg
und Versagen, die
uns durch Wirt-
schaft, Politik und
Gesellschaft aufer-
legt werden.**

nessen wir unseren Erfolg nicht auf diese Weise; denn
3pirit benutzt das Können, das ein Mensch hat, seine na-
ürliche Veranlagung, und dadurch sind wir imstande, et-
vas zuwege zu bringen und bessere Ergebnisse zu erzie-
en als jene Leute, die versuchen, nach bestimmten Maßstäben zu leben.

Jeder Mensch sollte in seiner eigenen natürlichen Gang-
art arbeiten; denn so hat er wahrscheinlich mehr davon,
als wenn man festzulegen versucht, daß jeder einen bestimmten Punkt erreichen und sich als erfolgreich erweisen sollte. Es wird eine Menge langsamer Leute geben,
was für alle, die langsam sind, ebenso natürlich sein mag,
vie für diejenigen, die aufstehen und wirklich schnell lau-

181

fen können. Ich würde mich von derartigen Dingen nicht stören lassen, und Du solltest es auch nicht; denn in Spirit gibt es keinen Wettbewerb.

Jeder von uns hat etwas anderes zu sagen oder zu tun, und gerade der grundlegend unterschiedliche Stil unserer Kreativität ist es, der die Atome so interessant und vielfältig macht.

● **Du mußt in den niederen Welten nicht alle psychischen Bereiche durchleben.**

Du mußt in den niederen Welten nicht alle psychischen Bereiche durchleben. Wenn Du einmal durch eine gute spirituelle Grundlage Deine Füße auf der Seelenebene fest verankert hast, kannst Du von dort aus weiter vorangehen.

Das, wonach die Mehrheit der Leute außerhalb der uralten Lehren trachtet, sind Phänomene. Es sind kindliche Spiele, nicht mehr als alltägliches Geschehen für den Mitarbeiter des Sugmad und jene, die bei allen Handlungen und Gedanken, wie auch den Gefühlen sich ihrer Verantwortung bewußt sind.

Die Wahrheit, die Botschaft der Uralten Meister, ist nur sehr schwer weiterzugeben. Es hat Spirituelle Meister gegeben, die umgebracht wurden; nicht, daß sie sich das selbst ausgesucht hätten, es geschah vielmehr wegen der

Dinge, die sie der Welt mitzuteilen versuchten. Dennoch wußten sie, was auf sie zukam. *Wir müssen die Furcht überwinden, daß wir etwas verlieren könnten, unser Leben, einen Füllfederhalter, irgendetwas, an dem wir sehr hängen*; wie auch immer, selbst die größeren Ängste unseres täglichen Lebens können wir besiegen. Die Mutigen, Unerschrockenen und Abenteuerfreudigen sind es, die das Angesicht des Herrn sehen, denen die größeren Dinge gegeben werden. Die Zurückhaltenden und Zaghaften werden niemals wissen.

Es ist eine der Aufgaben des Lebenden Meisters in seiner Strahlengestalt, dem einzelnen beizustehen, der auf ihn zugeht, und wenn derjenige auch nicht weiß, wie es vor sich geht, bedeutet es doch, ins Unsichtbare vorzudringen und diesem Menschen zu helfen, einige Erfahrungen zu machen, die etwas positiver und nicht mehr so negativ sind. Paul Twitchell betonte viele Male: "Wenn Du innerhalb einer Spanne von vierundzwanzig Stunden einen Augenblick der Freude oder des Friedens haben kannst, dann ergroifo ihn, halte ihn fest, und freue Dich an diesem Augenblick, so sehr Du nur kannst."

● **Wir müssen die Furcht überwinden, daß wir etwas verlieren könnten, irgendetwas, an dem wir sehr hängen...**

183

Noch vor Pauls Übertritt war ich dafür vorgesehen, auf dieser Welt ein wenig für die spirituelle Erneuerung zu arbeiten, zu Seminaren zu gehen und Paul bei Konsultationen in Europa und in diesem Land zu unterstützen. Es war mir nicht bewußt, was sich da anbahnte; er jedoch schulte mich dafür, vor die Öffentlichkeit zu treten. Da ich das nicht wollte, bekam ich kaum etwas davon mit. Ich bin früher schon hier gewesen und sollte nun einen besonderen Auftrag übernehmen, um dem Mahanta (dem Inneren Meister) zu helfen, die Botschaft der Meister weiterzugeben. Ich hätte jedoch nicht gedacht, daß es in dieser Weise ablaufen würde, und nur wenige Leute wissen wirklich, wie stark der Tonstrom den physischen Körper beansprucht, wissen um die Verantwortung, die damit verbunden ist, daß er mit göttlicher Liebe zu jedem einzelnen von Euch hinausfließt. Das ist alles, worum es geht.

Einige der Schwierigkeiten, die auf diesem Pfad auftreten, sind Prüfungen. Und es hilft, wenn wir darüber lachen, denn Deine Einstellung ist der Schlüssel, mit dem Du die Hindernisse überwindest. Wenn Du auf der Seelenebene Fuß gefaßt hast oder es Dein Ziel ist, sie zu erreichen und Du darüber hinaus den Zustand der Gottbewußtheit anstrebst, dann kommen die Prüfungen manchmal schnell und heftig. Andere Zeiten wiederum sind geruhsam, und Du fürchtest Dich vielleicht ein wenig davor, was wohl im nächsten Moment auf Dich zukommen mag. Ich kenne das; ich habe es auch durchgemacht.

Ich könnte nicht leben, ohne daß der kosmische Strom durch mich fließt. Ich würde sehr schnell verfallen. Lerne, die subtilen Dinge zu erspüren, die geschehen; denn je mehr spirituelle Kraft Du erhältst, umso mehr wirst Du beobachtet, wie Du mit dieser Kraft umgehst und was Du mit ihr anfängst. Wenn man aus sich herausgeht, unerschrokken, mutig und abonteuerfreudig ist, lernt man, welch hohe Anforderungen der Spirit des Sugmad stellt, diese Kraft, die alles Leben erhält und Dich mehr liebt, als Du wahrscheinlich erkennen kannst.

185

21

Kleine Juwelen

Man muß bedenken, wir leben und existieren in einem Bewußtseinszustand, der menschlicher Natur ist. Wir alle haben die Vorstellung, er sei kompliziert und übersehen seine Einfachheit.

● **Das eigentliche Geheimnis all dieser Arbeit liegt... im inneren Tempel eines jeden von uns.**

● **Ich sah mich gezwungen, selbst einige Nachforschungen anzustellen und an der Aufgabe weiterzuarbeiten, mit der ich ursprünglich beauftragt war und noch bin, solange ich hier auf der Erde lebe, denn ich kann nichts anderes tun.**

● **Du solltest spirituelles Wachstum von Spirit oder dem Meister gar nicht erst fordern; denn wenn Du drängst und forderst, wirst Du nur umso weniger in Deiner spirituellen Entfaltung erreichen.**

Nur sehr wenige Menschen scheinen die Botschaft zu erfassen, wie sie von Paul Twitchell und mir dargelegt wurde, obwohl sie wiederholt darüber lesen und hören.

Ich weiß nicht genau, wieviel Zeit ich hier auf der Erde noch habe, um die Arbeit fortzusetzen. Zu meinem Glück wurde mir die Gelegenheit geboten, diesen goldenen Lebensweg zu vertreten und ihn auch vorzustellen. Ich nenne ihn den goldenen Weg des Lebens. Er ist mit Diamanten und Juwelen übersät, wie bisher niemals gehört, noch jemals erzählt wurde. Das ist etwas, das nur das Individuum erfahren kann. Wir sind individuelle Edelsteine, die geschliffen und poliert werden müssen, um herrlicher zu strahlen als jeder Diamant oder sonst ein Juwel und herrlicher als die Sonne dieses Universums. Denn alle Arbeit, all die Schriften, die veröffentlicht wurden, und alles, was noch herausgegeben werden und von den Goldenen Weisheitstempeln kommen könnte, bildet die Form kleiner Juwelen.

Ich glaube, vor einiger Zeit gab es mal ein Buch mit dem Titel "Die Perlen der Weisheit". Irgendwie ist es mir im Gedächtnis geblieben; ich erinnere mich aber nicht mehr an den Autor; ich weiß nur, daß ich es gelesen

● **Das eigentliche
Geheimnis all dieser
Arbeit jedoch liegt ...
im inneren Tempel
eines jeden von uns.**

habe. *Das eigentliche Geheimnis all dieser Arbeit jedoch liegt* nicht im geschriebenen oder gesprochenen Wort, sondern *im inneren Tempel eines jeden von uns*, wie es zu allen Zeiten so viele Male ausgesprochen wurde. Man muß bedenken, wir leben und existieren in einem Bewußtseinszustand, der menschlicher Natur ist. Wir alle haben die Vorstellung, er sei komplex und übersehen seine Einfachheit.

Denn all die Texte, die Paul geschrieben hat, haben Veränderungen bewirkt, nicht nur in meinem Leben, sondern ich habe sie an vielen Tausenden von Menschen auf der ganzen Welt bemerkt, angefangen beim einfachen Menschen auf der Straße, beim Arbeiter, bis hin zum Wohlhabenden, demjenigen, der "es geschafft hat", dem alle materiellen Besitztümer zur Verfügung stehen, und der alles tun kann, was er will und gehen kann, wohin er will; ja, selbst bei denen, die wir für reich halten. Dennoch, einige von ihnen, die diesen Weg gefunden haben, etwa aus der Unterhaltungsbranche, finden es schwierig, ihn an ihre Mitmenschen weiterzugeben; denn wenn das Individuum nicht bereit ist für das große Geheimnis und das Geheimnis der Spiritualität, dann ist es, als versuchte man, einen Esel vom Schwanz her aufzuzäumen.

Paul schrieb über das eigentliche Geheimnis, über den Schlüssel zum Bewußtsein und über das erweiterte Bewußtsein - dem Schlüssel zu aller Spiritualität. Er schrieb darüber in einer bestimmten Weise. Doch die Leute verstanden nicht. Daher änderte er seinen Stil und seine Art zu schreiben. Aber die Leute begriffen es noch immer nicht, bis auf wenige, sehr wenige.

Was ich damit sagen will ist, daß er das Geheimnis eingewoben hat. Er konnte es auf solche Weise in Worte fassen, daß demjenigen, der imstande war, es zu begreifen und aufzunehmen, es auch gelang. Wer aber ständig Fragen stellte, ständig das Stück Arbeit umging, sich selbst kennenzulernen, in den Tempel im Inneren zu gehen und dann darüber hinauszugehen, war dazu nicht in der Lage. Wer sich die Zeit nahm und sie dafür einsetzte, erlangte mehr Intuition und Erleuchtung und fand, wonach er auf dem Weg der Wahrheit begonnen hatte zu suchen. Sie verstanden die Wahrheit, genauso wie sie die einfachsten Dinge des Lebens verstanden.

Während wir die spirituelle Leiter erklimmen und uns für all diese Dinge entfalten, werden die meisten im Leben selbst übersehen, was die Einfachheit dieses Pfades und seiner Lehre ausmacht. Man muß bedenken, wir leben und existieren in einem Bewußtseinszustand, der menschlicher Natur ist. Wir alle haben die Vorstellung, er sei kompliziert und übersehen seine Einfachheit. Denn der Verstand betrachtet alles, was komplex ist und sträubt sich, die einfache Seite der Dinge zu sehen. Das wird immer übersehen. Deshalb erkennen so wenige die Einfachheit dieses großartigen Pfades und seiner Lehre.

Das ist die Arbeitsweise des Verstandes. Wenn wir die Lehre nicht in ihrer Einfachheit sehen, können wir Jahr um Jahr und Leben um Leben forschen und suchen. Nachdem man die Bücher und die Kurse gelesen hat, muß man verstehen, daß es ein Überleben nach dem Tode gibt, und daß wir bis zu einem gewissen Grad wissen, wohin wir gehen und uns selbst aussuchen können, welche Aufgabe wir übernehmen wollen. Nur wenige erkennen, daß die Seele, das wahre Selbst, überlebt. Der Verstand findet es schwierig, wirklich zu erfassen, was Paul aufgrund all seiner Nachforschungen, die er unternommen hatte, berichtet, geschrieben und veröffentlicht hat.

Ich sah mich gezwungen, selbst einige Nachforschungen anzustellen und an der Aufgabe weiterzuarbeiten, mit der ich ursprünglich beauftragt war und noch bin, solange ich lebe, denn ich kann nichts anderes tun. Sicher, ich könnte Rasen mähen oder wer weiß was für eine Arbeit oder Beschäftigung übernehmen. Ich könnte Vibraphon spielen, aber wegen der Rockmusik und der Gruppe, die man dazu braucht, würde es sehr schwer sein, damit den Lebensunterhalt zu verdienen. Wahrscheinlich würde ich ein ganz guter Schauspieler sein, aber dazu gehört eben auch wieder eine Gruppe.

● **Ich sah mich gezwungen, selbst einige Nachforschungen anzustellen und an der Aufgabe weiterzuarbeiten, mit der ich ursprünglich beauftragt war und noch bin, solange ich lebe, denn ich kann nichts anderes tun.**

Der Mensch hier betrachtet das Leben ganz anders als der östliche Mensch, und doch ist die östliche Welt spirituell nicht viel weiter vorangekommen als der westliche Mensch. Es ist nicht notwendig, den Lotussitz einzunehmen, wenn Du Deine spirituelle Übung machst, noch ist es notwendig, mehr als eine Übung, eine halbe Stunde pro Tag, zu machen. Aber mache sie immer zur gleichen Zeit, ganz egal, welchen Rhythmus Du einrichten kannst, sei es jeden zweiten Tag oder täglich. Jeden Tag ist natürlich am wirkungsvollsten, ist das Beste. Und wenn Du Dich einmal daran gewöhnt hast, willst Du es nicht mehr missen. Du kannst es kaum erwarten, und ich spreche aus eigener Erfahrung, aber wenn Du tatsächlich zu einem Rhythmus findest und die Übung täglich machst, dann wirst Du wirklich das Geheimnis dieses Weges verstehen lernen.

Es scheint, daß jeder nach irgendeiner psychischen Erfahrung Ausschau hält oder Gott haben will, jetzt, augenblicklich. So viele Leute haben darüber geschrieben, wie wir alle materiellen Dinge mit Hilfe von ein paar psychischen Tricks erlangen können, sei es nun Liebe, Geld oder beherrschenden Einfluß auf Deine Freunde, Nachbarn oder Deine Lieben. Wenn Du tief genug schaust und die Gesetze des Spirit verstehst, wirst Du merken, daß die Gewinnanteile sehr niedrig sind. Denn was diese Schreiber und die Leute, die diese Praktiken ausüben, der Leserschaft nicht mitteilen und auch denen, die von der psychischen Seite des Lebens etwas erwarten, nicht gesagt wird ist, daß man auf irgendeine Weise für diese Dinge bezahlen muß, die man von Spirit oder Gott haben möchte, ob es sich dabei nun um die dunkle Seite oder die des Lichts handelt.

Der spirituelle Weg ist nicht der leichte Weg, ist es niemals gewesen. Wenn Du die Biographien derer anschaust,

über die geschrieben worden ist - Heilige oder Männer und
Frauen des Lichts - sie haben alle einen harten Weg auf
sich genommen und sind eine rauhe Straße gezogen.
Denn er ist einer der herausfordernsten Wege - die Alten
lehren der Meister - den man gehen kann und der härte-
te. Allerdings ein Weg mit großer Belohnung, jenseits
dessen, was der Mensch erfassen kann.

Als Kind oder als junger Mann fand ich heraus, daß,
wenn ich etwas in Angriff nahm, ich es auch immer fertig-
brachte. Als ich dann jedoch einen Grad spirituellen
Wachstums erreicht hatte, merkte ich, daß Wände oder
was man Straßensperren nennt, aufgestellt waren, wenn
ich von den wahren Gottwelten aus arbeitete, wo es keine
Negativität gab, und ich in der Seele arbeitete, die einfach
existiert, und es unternahm, etwas für das Wohl der Gesamtheit allen Lebens zu tun, allein dafür oder manchmal
auch für mich selbst. Das sind Tests.

Wenn das geschieht, muß man an das Gleichgewicht
denken, das man braucht, um, wo auch immer, in den niederen Welten zu leben. Man spricht vom mittleren Weg.
Warum ist der spirituelle Lebensweg der härteste, den

man einschlagen kann? Kal oder was der Mensch Satan oder Teufel nennt, arbeitet für Gott und versucht, die Seele in den niederen Welten festzuhalten.

Jeder, der sich die wahren Gottwelten zum Ziel setzt, findet eine steinige Straße vor. Das ist der Punkt, wo so viele einer Fehleinschätzung unterliegen und die Einfachheit übersehen. Wenn sich ein Hindernis in den Weg stellt, denken die meisten: "Na ja, das hat der Meister getan, er mag mich eben nicht mehr, und die ganze Welt ist auch gegen mich." Selbst für diejenigen, die durch die Dunkle Nacht der Seele gehen, braucht es keine negative Reise zu sein. Wir selbst machen die Dinge negativ, ob Du das nun glauben willst oder nicht.

Wenn du Dich also einer Situation gegenübersiehst, wirf einen Blick auf Deine Einstellung. Wie ich schon in früheren Jahren hervorhob, kannst Du mit einem Lied im Herzen den stürmischen Teil bestehen. Es läuft auf eine Änderung der Einstellung hinaus. Und auch hier will der Verstand sein Augenmerk auf Verwicklungen richten und Einfachheit außer acht lassen. Sollte der einzelne sich etwas um seine spirituelle Entfaltung bemühen, wird er dementsprechend mehr wachsen. Denke jedoch daran, daß hier gesunder Menschenverstand angebracht ist. *Du solltest spirituelles Wachstum von Spirit oder dem Meister gar nicht erst fordern; denn wenn Du drängst und forderst, wirst Du nur umso weniger in Deiner spirituellen Entfaltung erreichen.*

Jeder von uns muß für sich selbst wissen, daß der Weg, das zu finden, was wir uns im Leben wünschen, und auch der Weg, das Gott-Zentrum zu erreichen, über Erkenntnis führt. Du mußt wissen, daß Du schon dort bist. Bis Du das erfaßt hast, wirst Du immer Ausschau halten, suchen und glücklich, zufrieden oder einverstanden sein mit Deinem spirituellen Wachstum, aber auch versuchen, es mit anderen zu vergleichen, und dann die Frage stellen: "Wie kommt es, daß ich diese Erfahrung nicht mache?" oder "Warum bin ich nicht gewachsen?"

Wenn diese Erkenntnis gewonnen ist, hast Du den Punkt erreicht, wo die Antworten automatisch kommen, und es werden weniger Fragen auftauchen. Die Leute kommen und gehen auf diesem Pfad der Alten Lehren der Meister, und das trifft auf jeden Weg zu. Sie sind auf der Suche; manche drängen Spirit oder ihren Lehrer, den Spiritual

● **Du solltest spirituelles Wachstum von Spirit oder dem Meister gar nicht erst fordern; denn wenn Du drängst und forderst, wirst Du nur umso weniger in Deiner spirituellen Entfaltung erreichen.**

Traveler, der ihr Meister ist, und glauben, sie bekämen nicht, was ihnen zusteht.

Man muß Geduld aufbringen, um zu erkennen, daß man schon dort ist und im Gottzustand arbeitet. Gott ist überall, hört alle Dinge, sieht und weiß alles; doch so wenige erkennen das eine: Die Seele existiert ewig, lebt im Augenblick und ist ein Teil Gottes, ist EINS mit Ihm. Es ist deine Entscheidung.

Ich weiß, daß wer weiß und hört, vielleicht nicht immer sehen kann, aber wer wirklich weiß, weiß, daß er nicht zu sehen braucht.

● In der Seele kann er besucht werden, und wir können mit den Leuten reden, die wir als alt betrachten...

● Diejenigen unter Euch, die nicht verstehen: Versucht zu begreifen, daß jede Lebensform, die existiert, menschliche, tierische und andere Formen, wie Bäume und Blumen, eine Seele haben, die durch den Logos hervorgebracht ist, den erhabenen Tonstrom Gottes, den einen Gott.

Ich sitze hier nahe bei einem uralten Tempel; im Hintergrund hört man, wie die Wellen der Brandung sich brechen. Das Rauschen des Ozeans - es ist jedoch kein Rauschen, sondern ein anhaltendes HUUUUUU, ein Ton des Wassers, des HU, in einem drei bis acht Sekunden währenden Intervall des Logos, wobei es immerfort strömt, sein Lied singt, gegen die Felsen, die Ufer brandet und seinen Ton hervorbringt.

Dieser uralte Tempel, in dessen Nähe ich sitze - auf einer Reise, die ich kürzlich als Seele unternahm - wird von den Polynesiern sehr verehrt. Von ihm aus kannst Du immer das Rauschen des Ozeans hören oder das Anstürmen des Wassers, wie es gegen die Felsen schlägt, kannst hören, wie die Brandung tost; Welle auf Welle hörst Du das Lied des HU.

Das Gelände ist so beschaffen, daß es abgetrennt war von diesem sehr alten Tempel, und einen daran hinderte, im Körper dort herumzulaufen; jedoch *in der Seele kann man es besuchen, und wir können mit den Leuten reden, die wir als alt betrachten* - mit denen, die hier ansässig waren, die das Au-koo gesungen haben, das sie verehren, eine ihrer Gottheiten, und die später das Hua sangen. Denn

● **In der Seele kann man es besuchen, und wir können mit den Leuten reden, die wir als alt betrachten...**

198

auf dem Weg gibt es viele Schritte, die von der Menschheit unternommen wurden, ganz gleich, wo der einzelne auf der Erde lebte. Die Lehren wurden vielen Rassen auf vielen Wegen zugänglich gemacht, und in vielen Sprachen wird von ihnen gesprochen. Das HU wird in allen Sprachen gesungen.

Diejenigen unter Euch, die nicht verstehen: Versucht zu begreifen, daß jede Lebensform, die existiert, menschliche, tierische und andere Formen, wie Bäume und Blumen, eine Seele haben, die durch den Logos hervorgebracht ist, den erhabenen Tonstrom Gottes, den einen Gott. Daher birgt alles ein HU in sich, alle vom Menschen erzeugten Töne, die von jedem Bereich dessen ausgehen, was der Mensch Himmel nennt - von den Dimensionen innerhalb der Zeit, des Raumes und der Materie, ebenso wie jenen jenseits von Zeit, Raum und Materie.

Die Töne des Ozeans sind kein Mysterium. Für mich sind sie Heilung, sooft ich am Meeresufer sitze und die Würze der salzigen Luft einatme. Ebenso wenn ich in die Berge gehe, um die frische Luft einzuatmen und mich zu regenerieren. Ich kann es nur so sagen: Es reinigt die Aura, was immer erfrischend ist. Ich kann das genauso in

● **Diejenigen unter Euch, die nicht verstehen: Versucht zu begreifen, daß jede Lebensform, die existiert, menschliche, tierische und andere Formen, wie Bäume und Blumen, eine Seele haben, die durch den Logos hervorgebracht ist, den erhabenen Tonstrom Gottes, den einen Gott.**

199

meinem Wohnzimmer mit dem HU machen; trotzdem ist etwas Besonderes an der Küste oder daran, in die Berge hinauszugehen, bei den Tieren - anderen Lebensformen - und den Bäumen zu sein, was sehr erfrischend und erholsam für mich ist.

Ich weiß, daß wer weiß und hört, vielleicht nicht immer sehen kann, aber wer wirklich weiß, weiß, daß er nicht zu sehen braucht. Es ist Sache jedes einzelnen, sich die Zeit zu nehmen und sich selbst im Inneren zu entwirren, um seine Verantwortlichkeiten selbst zu übernehmen und jegliche Krücken, die es haben mag, loszulassen. Man nennt es Selbstzucht. Sie wird niemandem in dieser Uralten Lehre der Meister auferlegt. Sie ist eine individuelle Disziplin.

Wenn ich zurückblicke, gibt es Dinge, auch heute noch, die ich einfach gern tue. Ich liebe es zu essen, ich liebe es zu trinken, aber ich habe herausgefunden, daß, indem ich mir die Meisterschaft zum Ziel setzte und mir selbst diese Freuden des Lebens, die ich für Freuden hielt, versagte, ich spirituell wuchs. Wie auch immer, dadurch, daß ich so handelte, mußte ich die Herrschaft über die fünf Sinne erlangen. Auf welche Weise, magst Du fragen? Indem ich das, was ich sah, hörte, fühlte, roch und schmeckte, nicht alsch beurteilte. Anfangs dürfen wir nur an einem der fünf Sinne zur Zeit arbeiten, um über jeden ein gewisses Maß an Kontrolle zu erlangen, wobei wir die Balance jederzeit im Auge behalten müssen. Was hat das nun mit dem Besuch verschiedener Orte hier oder in den anderen Bereichen des Himmels zu tun? Es ist eine Frage der Balance, und es geht darum, keinen der fünf Sinne falsch einzuschätzen.

23

Sich innerlich hingeben?

Es besteht ein Mißverständnis über "Gehorsam" dem Meister gegenüber.

● Wenn jemand eine Bitte um Gesundheit an den Meister richtet, reagiert Spirit durch den Inter-Meister auf die Bitte, aber nicht immer in der Weise, wie es derjenige vielleicht erwartet oder es gern hätte.

● Spirit, der durch den Meister fließt, breitet sich aus, führt und lenkt und setzt Menschen in Bewegung in Richtungen, die dem Wohle des Ganzen dienen.

● Wer kein Initiationswort hat, kann leise das "HU" singen, den heiligen Namen Gottes.

"Um den Willen Gottes zu akzeptieren, muß der Chela sein Leben aufgeben, muß er sich dem Meister hingeben, nicht dem physischen Meister, sondern dem Inneren Meister, und zulassen, daß der Innere Meister sein Leben übernimmt und es leitet, denn durch ihn wird Gott arbeiten. Dabei wird er Richtungen weisen, ihn leiten und in das höhere Leben führen," sagt Paul Twitchell in einer seiner Tonbandserien, die 1968 herauskamen. Er fügte hinzu, daß ein Mensch, der mit den Weisungen "des Herrn" unmittelbar umgehen kann, selbst Meister wird und nicht länger der Hilfe des äußeren Meisters bedarf.

Es besteht ein Mißverständnis über "Gehorsam" dem Meister gegenüber. Viele meinen, daß Paul sich damit auf allgemeinen äußeren Gehorsam dem Menschen gegenüber bezog, während er in Wirklichkeit vom "spirituellen Gehorsam" im Hinblick auf den Inneren Meister sprach, darüber schrieb und darauf aufmerksam machte. Er redete nicht vom äußeren Menschen oder Meister. Das ist auch der Punkt, wo "Hingabe" einen Konflikt schafft. Viele finden es schwer, sich einem Menschen "hinzugeben", wobei es doch in Wirklichkeit um die Hingabe an den Inneren Meister geht, an die innere Führung durch Spirit mit Hilfe Seines Trägers, des Meisters.

Als Paul mit seiner Rede fortfuhr und sagte: "Du mußt zuhören und mir gehorchen", fügte er im weiteren Verlauf hinzu: "Im Zustand des bewußten Selbst, das heißt, im Seelenzustand, weiß ich, was für meinen physischen Körper gut ist. Ich weiß, was für Dich gut ist. Erhebe dagegen keine Einwände." Er erklärte sehr bestimmt, daß er Gehorsam auf der spirituellen Ebene erwarte, "denn, wenn ich spreche, dann spreche ich vom Inter-Selbst aus; versuche nicht, das Mysterium dessen, was ich vom Wahren Selbst Gottes aus sage, zu ermessen oder zu ergründen. Richte Dich nur nach ihm und nach nichts anderem. Du mußt eben nicht Paul, sondern dem Mahanta gehorsam werden."

Viele der Mißverständnisse und Fehldeutungen dessen, was Paul öffentlich sagte und in seinen Originalschriften ausführlicher behandelte, würden sich aufklären, wenn man, um das Bild zu vervollständigen, den vorangehenden und den folgenden Abschnitt einer bestimmten Aussage miteinbeziehen würde. Auch ich habe darüber öffentlich und in meinen Schriften gesprochen: Man wird dem Mahanta gehorsam. Das äußere Leben zu leben und Deinen Weg zu machen, liegt allein bei Dir.

Der Meister verhält sich wie die Nabe eines Rades, und ie Schüler befinden sich auf seiner Felge und sind wie ei einem Telefonnetz mit dem Zentrum verbunden. Der leister verkörpert Spirit/Sugmad (Gott) und steht mit je-em Chela auf der "Felge" in Verbindung. Er befaßt sich it jeder Bitte, die ihm vorgebracht wird, mit jedem Be-ürfnis, das einer haben mag; doch als Innerer Meister, icht als äußerer Meister. Er hat die freie Entscheidung, n Äußeren einzugreifen, wenn er das möchte; es ist aber icht notwendig, da er als Innerer Meister, der ja frei ist, om ES aus gesehen keinen Beschränkungen unterliegt nd an allen Orten zur gleichen Zeit sein kann. Er bringt ie Schüler in die himmlischen Sphären und hebt sie über ie niederen physischen und psychisch-phänomenalen Velten hinaus. *Wenn jemand eine Bitte um Gesundheit n den Meister richtet, reagiert Spirit durch den Inter-Mei-ter auf die Bitte, aber nicht immer in der Weise, wie es erjenige vielleicht erwartet oder gern hätte.*

Wenn jemand z.B. um einen Arbeitsplatz bittet, erfährt r vielleicht statt dessen eine Besserung seiner Gesund-eil, die Spirit für notwendig hält, bevor er ihm eine Ar-eitsmöglichkeit anbietet. Es kann vorkommen, daß Spirit

- **Wenn jemand ei-ne Bitte um Gesund-heit an den Meister richtet, reagiert Spi-rit durch den Inter-Meister auf die Bitte, aber nicht immer in der Weise, wie es derjenige vielleicht erwartet oder gern hätte.**

jemandem, der ein ganzes "Leidensregister" vorlegt, ein Hindernis in den Weg stellt, um seine Aufmerksamkeit von seinen dauernden Problemen abzuziehen und dadurch die notwendige Zeit und den Raum zu schaffen, alle seine Körper zu heilen.

Manche sind nicht immer aufnahmefähig für eine Heilung durch Spirit, selbst dann nicht, wenn sie angeboten wird. Auf seine Bitte um Heilung von Schmerzen in seinen Hüften und Beinen erhielt ein Herr die Heilung; er erkannte sie und nahm sie an. Aber immer noch erhob er sich langsam von seinem Stuhl, verwundert, daß er das ohne Schmerzen tun konnte. Sollte er noch lange bei diesem Verhalten bleiben, könnte er die Schmerzen erneut auf sich ziehen; im Stillen nämlich wundert er sich, wo denn der Schmerz geblieben ist und findet nicht zu einer normalen und natürlichen Gewohnheit zurück. Wenn man lange Zeit übermäßige Schmerzen hatte, ist es nicht absonderlich, daß man erstaunt, freudig erregt und dankbar ist für die Befreiung von diesen Schmerzen. Aber dann sollte man weitergehen, ohne zurückzuschauen. Auf diese Weise nehmen wir die Heilung als Ganzes an und fügen sie in unser Bewußtsein ein.

Paul Twitchell kümmerte sich nicht darum, ob die Leute ihn persönlich als Menschen liebten, und bei mir ist es genauso. Er erfuhr viel persönliche Liebe von den Menschen; doch er sagte dazu nur, daß wir diese Liebe und Hingabe auf den Inter-Meister richten und daß wir diesen Inter-Meister mehr lieben sollten als uns selbst. Wenn man sich selbst als individualisierte Seele begreift, als Spirit selbst, wird man auch den Funken der Göttlichkeit in sich mehr lieben als irgendetwas sonst, ohne dabei den Verantwortlichkeiten für seine Familie, die Arbeit und die Gemeinschaft auszuweichen.

Da der Meister ein Träger allein für Sugmad ist, hat er in gewissem Sinne keinen eigenen Willen mehr. Er kann Entscheidungen in seinem Leben treffen, aber er wird immer genau befolgen, was auch immer das Sugmad ihm zu tun aufträgt. *Spirit, der durch den Meister fließt, breitet sich aus und führt, lenkt und setzt Menschen in Bewegung in Richtungen, die dem Wohle des Ganzen dienen.*

Bei der Arbeit mit kleinen Kindern fand ich heraus, daß sie bereits die Grundprinzipien der Lehren der Alten Meister, wie Paul Twitchell sie dargestellt hat, anwenden. Es

● **Spirit, der durch den Meister fließt, breitet sich aus und führt, lenkt und setzt Menschen in Bewegung in Richtungen, die dem Wohle des Ganzen dienen.**

ist verblüffend für Eltern, wenn sie dahinterkommen, daß ihre Kinder Erfahrungen machen, über die sie selbst nicht verfügen. Das negative Denken des Erwachsenen, bedingt durch die Umwelt oder ihm anerzogen, ist beim kleinen Kind nicht vorhanden. Unter der Einwirkung von Eltern, Altersgenossen und äußeren Einflüssen kann das Kind später davon geprägt werden. In zartem Kindesalter jedoch sind sie für Spirit sehr aufnahmefähig.

Es geht darum zu lernen, die Gedanken während der spirituellen Übungen zu beruhigen und von der Führung durch Spirit bei der Arbeit und den Aktivitäten des Tages Gebrauch zu machen. Sich ständig der Gegenwart des Inter-Meisters bewußt zu sein, selbst während der oftmals hektischen Stunden des Tages, sich ständig der Führung bewußt zu bleiben, die aus dem inneren Tempel kommt. Das ist der Ort, wo wahre Hingabe an Spirit entsteht. Das ist es, worauf spiritueller Gehorsam beruht. *Wer kein Initiationswort hat, kann leise das "HU" singen, den heiligen Namen Gottes.*

● **Wer kein Initiationswort hat, kann leise das "HU" singen, den heiligen Namen Gottes.**

Wenn die Intuition des Mannes einmal erwacht ist, überragt sie bei weitem die der Frau. Aber der einfache
Mensch auf der Straße ist sich ihrer nicht bewußt, noch
wendet er sie an.

● **Kontempliere über das, was Du besser verstehen möchtest...**

● **Mir ist bewußt geworden, daß die meisten
Menschen Sehnsucht nach einer göttlichen
Offenbarung haben, die dann aber so subtil ist,
daß sie den meisten entgeht.**

● **Eines steht fest, die Lehrer des ATOM (Ancient Teachings Of the Masters), der Uralten Lehren der Meister, benutzen zu keiner Zeit die niederen astralen oder mentalen Kräfte. Sie spielen
keine Spiele mit denen, die bei Ihnen lernen.**

● **Der Schatz, sagen manche, ist in Deinem
Herzen. Das ist jedoch nicht wahr. Das Juwel ist
die Seele, das wirkliche Du... Werde wie ein Kind.**

Ich habe herausgefunden, daß ein Schüler, der seine sp-
rituelle Übung vollständig macht und sich die Zeit nimmt,
die Kontemplation ordentlich durchzuführen, Erfolg haben
wird; denn er fängt den Verstand ein wie einen Vogel im
Netz. Sein unaufhörlicher Flug und seine rastlose Aktivität
kommen zum Stillstand, und die Bilder, die ständig so reg-
durch den Verstand fließen, lassen sich zur Ruhe bringen-
Darin also liegt der Hinweis, daß der Vorgang im Inneren
des einzelnen abläuft. Man läßt sich Zeit, nimmt einen tiefen Atemzug zwischen jedem Chant, wenn man das HU
singt oder welches Wort man nun benutzt, so daß dieser
Atemvorgang nicht nur dazu beiträgt, den Motor oder den
Herzschlag zu verlangsamen, sondern auch dazu, daß
man sich entspannt. Es ist äußerst notwendig, sich Zeit z-
nehmen, weil man nicht durch die kontemplativen Übunge-
hetzen sollte.

Es ist wie mit dem Leben. Das Leben ist ein ständiger
Wechsel von einem Augenblick zum anderen. Du kannst
es nicht beschleunigen. Die einzige Art wäre die der niederen Welt, der Weg der unerlaubten Drogen, die aber die
Gehirnzellen derjenigen zerstören, die süchtig werden.
Nach Beendigung der Übung kehrst Du zum regulären
normalen Atmungsvorgang zurück. Er regelt sich automa-

tisch, und dein Verstand zieht sich auf natürliche Weise von der Kontemplation zurück, von dem, was Du betrachtet hast in dem Versuch, einen Blickwinkel von 360 Grad zu erreichen.

Während dieser Zeit hast Du Dich darauf vorbereitet, einen etwas größeren Schritt zu machen, um Deine Intuition zum Erwachen zu bringen. Wenn die Intuition des Mannes einmal erwacht ist, überragt sie bei weitem die der Frau, aber der einfache Mensch auf der Straße ist sich ihrer nicht bewußt, noch wendet er sie an. Der Prozentsatz ist sehr, sehr gering. In der Regel verfügen die meisten Frauen über eine stärkere Intuition als die meisten Männer. Doch Intuition ist in allen Menschen immer vorhanden. Nur schläft sie in den meisten und muß wachgerufen werden. Der Mann jedoch kann sie weit großartiger entwickeln als die Frau.

Kontempliere über das, was Du besser verstehen möchtest, sei es über Dich selbst, über einen Erkenntnisbereich der himmlischen Welten, den Du nicht verstehst, über die Lehre, oder betrachte irgendeinen Aspekt Deines Lebens, wie Du ihn verbessern könntest. Es könnte sogar Materielles betreffen, gar nicht notwendigerweise nur spirituelle

● **Kontempliere über das, was Du besser verstehen möchtest...**

Dinge, weil es zwischen materiellem und spirituellem Leben in unserm Inneren Ausgewogenheit geben muß.

Wenn Du dann ruhig wieder zurückkommst, kannst Du Dich verstandesmäßig Deinen Gedanken zuwenden und im geheimnisvollen Dunkel des inneren Tempels betrachten, was Du zu sein scheinst; denn glücklich ist der Mensch, der schnell zum Licht, zum Ton oder zu beidem gelangt, wenn er sich nur zu einer spirituellen Übung hinzusetzen braucht, und schon sind sie dort. Diese Leute brauchen nicht einmal das HU zu singen, sie sind einfach dort. Andere müssen daran arbeiten, einige singen nur ein halbes Dutzend mal HU, und schon sind sie dort.

Sie erkennen, daß sie sich im Zentrum des eigenen Innern befinden. Und wohin gehst Du von dort aus? Du gehst über Dich selbst hinaus, Du trittst aus. Du hältst Dich dort im inneren Tempel nicht auf. Du reist subjektiv, reist in den reinen positiven Gottwelten. Du wirst dort nicht die physischen Bilder antreffen, denen Du in den niederen Welten begegnest. Du wirst abstrakte Visionen sehen oder abstrakte Lichtformen in Blau oder Ultraviolett, danach golden bis weiß.

Ruhig, behutsam und entschlossen wendest Du Dich mit
Deinen Fragen an Dich selbst; dann, wenn Du zurückkommst, die Konzentration auf der Seele lassen und nicht
darüber nachsinnen, was Dich in der Kontemplation bewegt hat. Du kannst es indirekt oder von verschiedenen
Seiten aus betrachten und dabei ruhig, von innen her und
ohne Anstrengung jegliche Frage dem Inneren Meister gegenüber ansprechen, die sich auf einen bestimmten Teil
während der Zeit der Kontemplation bezieht. Dann kannst
Du eine schweigende Bitte an den Inneren Meister oder an
den Göttlichen Spirit Selbst richten, der durch Dich hin-
durchfließt, die tiefste Mitte Deines Seins, um sie damit
dem Lehrer, dem spirituellen Ratgeber, anzuvertrauen.

Die Frage sollte einfach sein, nicht kompliziert, kurz und
direkt; und stelle die Frage so, wie Du zu einem Dir nahestehenden oder engen Freund sprechen würdest, zu jemandem, dem Du wirklich vertraust. Danach laß los, und
sei gewiß, daß Dir die Antwort auf die Frage gezeigt wird,
oder sie wird auf eine Weise kommen, wie Du sie am
allerwenigsten erwartest, besonders, wenn Du erst einmal
losgelassen hast.

● **Mir ist bewußt geworden, daß die meisten Menschen Sehnsucht nach einer göttlichen Offenbarung haben, die dann aber so subtil ist, daß sie den meisten entgeht.**

Wenn diese Bitte einmal ausgesprochen wurde, im inneren Tempel ruhig vorgebracht, so halte inne, und Du könntest auf eine Antwort warten. *Mir ist bewußt geworden, daß die meisten Menschen Sehnsucht nach einer göttlichen Offenbarung haben, die dann aber so subtil ist, daß sie den meisten entgeht.* Demut, demütig sein, aber verbunden mit Stärke, das ist der erste Schritt auf diesem geheimen Pfad der Uralten Lehren der Meister. Und wenn Du diese Demut erst einmal gewonnen hast, Bescheidenheit und Mitgefühl für alles Leben, wird sie auch Dein letzter Schritt sein. Du wirst jedoch herausfinden, daß es immer noch einen weiteren Schritt zu tun gibt, solange wir uns im Physischen oder irgendwo in den niederen Welten aufhalten.

Unerläßlich dabei ist die Bereitschaft, das Wissen von Gott, von Spirit, über die himmlischen Welten und diese Welt anzunehmen, ganz davon zu schweigen, die Erkenntnis des eigenen Selbst gelten zu lassen. Das ist der Grund, warum es der Bescheidenheit, der Qualität der Bescheidenheit oder Demut bedarf. Wir müssen lernfähig sein. Wenn Du diesen Punkt erst einmal erreicht hast und wenn Du im Inneren loslassen kannst! Ich meine nicht, das äußere Leben aufzugeben. An diesem Punkt sind viele Leute in der Vergangenheit, auch während Paul Twit-

chells und meiner Zeit, sowie die ganze Menschheitsge-
schichte hindurch einem Irrtum erlegen.

Einige Lehren haben behauptet, daß Du alles opfern
und aufgeben, allen äußeren Besitz hergeben müßtest
und nichts behalten dürftest. Das ist nicht wahr! Was Du
tatsächlich aufgibst, sind die inneren Wortgefechte. Du
wirst wie ein Kind, im geistigen Sinne. Jeder Augenblick ist
freudig oder kann es sein, wenn Du es zuläßt. Du legst
diese innere Gewohnheit ab, daß, wenn jemand Dir etwas
Häßliches angetan hat, der Verstand es ständig in Deinem
Bewußtsein aufwirbelt und darauf herumkaut. Diese Gewohnheit in Dir abzustellen, sie aufzugeben, das ist es,
wovon ich rede und was auch Paul meinte. Dann kann der
Meister mit Dir arbeiten, und der Göttliche Spirit hält
Einzug.

Intellektuelle Fähigkeiten und Lernvermögen sind unerläßlich, um seinen Weg in dieser Welt zu machen, und es
ist in Ordnung, seinen Stolz zu haben; aber denke daran,
daß das Ego im Innern derjenigen, die auf diesem Pfad in
Spirit initiiert sind, keinen Platz hat. Du wirst immer noch
einigen Leuten begegnen, die sozusagen wirklich die Fe-
dern spreizen oder das haben, was der Mensch ein hoch-

gezüchtetes, übergroßes Ego nennt. Wenn aber jemand diese Stufe genommen hat und mutig genug wurde, so ist weiterzugehen und seine Sache zu machen, der einzige Weg, den ich nennen kann.

Wenn Du jenen Schritt nicht machst, aus Dir herauszugehen und über Dich hinauszuwachsen, dann wirst Du niemals wissen. Du kannst Angst überwinden, jede Angst, die Du in diesem Zusammenhang hast, und auch, indem Du den Schritt machst und Dich mit dem befaßt, was Du fürchtest. Deine Ängste werden dann verschwinden. Wenn jemand im Inneren eine Bitte äußert, sollte er sie sehr ruhig, bescheiden und voller Vertrauen aussprechen. Es sollte mit Demut in der Seele geschehen, wenn er darum bittet, daß ihn eine göttliche Offenbarung, eine göttliche Erfahrung erreichen möge.

Denn Demut ist zweifellos der erste Schritt auf diesem ältesten, geheimen Pfad, der der Menschheit bekannt ist. Sie ist der letzte Schritt, den der einzelne machen muß, bevor der Inter-Meister oder Innere Meister, der Göttliche Spirit, anfangen kann, ihn zu erreichen und ihn durch seine eigene Seele zu lehren. Deshalb muß er im inneren Tempel demütig sein.

Die intellektuelle Fähigkeit, die ich zuvor erwähnte, oder auch das Lernen innerhalb unserer Schulsysteme, ist nur dazu da, um uns zu unterstützen, unseren Weg in dieser Welt zu machen. Es beginnt bei den Kindern, nach Art des Montessori-Systems und nicht etwa anhand einer angepaßten Überarbeitung des Systems, sondern man gibt dem Kind Richtlinien und zeigt ihm, was geschieht, wenn es sich über diese Richtlinien hinwegsetzt. Sie wollen doch lernen - Lernen ist ihre Stärke - und sie werden Grenzen respektieren, wenn man sie mit Liebe und Verständnis setzt, sie aber dennoch zur Ordnung anhält, wenn sie jene Grenzen überschreiten.

Nun, das gleiche gilt auch für den Erwachsenen auf dem spirituellen Pfad; doch Erwachsenen sollte man nicht klarmachen müssen, daß man sie zurechtweisen wird, wenn sie bestimmte Dinge sagen oder tun. Das geschieht automatisch. Vielleicht nicht sofort; es könnte im nächsten Leben, Jahre später oder am nächsten Tag sein.

Während Du Dich selbst, Dein höheres Leben oder Dich in der Seele entfaltest, wird Dir allmählich verständlich, daß die großen Lehrer auf diesem uralten Pfad zu Gott nicht angebetet werden wollen; keiner der Lehrer, Erlöser

217

oder Heiligen vergangener Zeiten. Sie hatten begriffen. Sie wollten nicht vergöttert werden. Die Menschheit jedoch in ihrem geistigen Hochmut und mit ihrer Abneigung gegen Veränderung rebelliert gegen einen Wandel und leistet Widerstand. Sie versäumt es, die Realität jenseits ihres Horizonts anzuschauen und erhebt sich statt dessen mit Vorliebe über andere, über Kinder und ihre Mitmenschen.

Das ist so ziemlich der Gang dieser Welt, aber es bringt den Menschen spirituell keinen Deut voran. Auf diesem ältesten dem Menschen bekannten Pfad gibt es nämlich keine Bevormundung des Individuums oder einer Gruppe von Leuten. Denn Rebazar Tarzs, Fubbi Quantz und Yaubl Sacabi haben die Lehren an ganz verschiedene Leute in ihrer Zeit weitergegeben, ebenso auch Gopal Das und all die anderen, wie Lao Tse bzw. Lai Tsi in seinen Tagen und Shamus-i-Tabriz zu seiner Zeit. Und einige Dinge wurden mündlich weitererzählt, in poetischer Form niedergeschrieben oder in Geschichten wiedergegeben. Manches wiederholte sich über alle Zeiten hinweg in verschiedenem Schrifttum, verschiedenen Büchern und verschiedenartigen heiligen Schriften; doch der Verstand des Menschen nimmt Anstoß daran: "Also, das hier ist ein Plagiat", und an anderer Stelle: "Der Kerl plagiiert ein bißchen", und sein Verstand hält sich damit auf, und ist ganz versessen darauf, sich an solch belanglosen Dingen aufzuhängen.

Der Intellektuelle, der lernt, wie er dieses Verhalten loswerden und darüber hinauswachsen kann, wird nach den Worten von Rebazar Tarzs im Herzen und im Verstand wie ein Kind. Wir müssen innerlich den Punkt erreichen, wo wir nicht mehr zulassen, daß der Verstand sich an allen möglichen Dingen festbeißt und darauf herumkaut, wieder und wieder, sondern wir sollten einen Zustand der Gemütsruhe anstreben und den Strom fließen lassen.

Verändere Deine Gedankenmuster, falls es eine der fünf Leidenschaften ist, an der Du gerade arbeitest. Arbeite aber nur an der einen, und frage, wie Dir weitergeholfen werden kann; oder schreibe Dir die Bereiche auf, von denen Du weißt, daß Du dort Schwächen hast. Du weißt ja, ob Du zu Ärger neigst, und Du weißt auch, daß Du dieses oder jenes an Dir hast, das Du bearbeiten mußt, irgendetwas in einem dieser Bereiche der fünf Leidenschaften: Habgier, Eitelkeit, Ärger, Begierde und Bindung.

Alle, die auf einem herkömmlichen spirituellen Pfad sind und sich spreizen wie ein Pfau, benutzen die Emotionen, um Leute zu erreichen und von der Welt, die dem Schauspiel folgt, bewundert zu werden. Ein Beispiel sind einige dieser TV-Evangelisten, die die Öffentlichkeit in der Tat betrügen oder sagen wir, schröpfen, und das ist eine Schande. Denn sie treten vor sie hin, ob auf der Bühne vor irgendein Auditorium, im Radio oder im Fernsehen und wenden psychische Kraft an, die astrale emotionale Kraft, um Menschen auf ihre Denkweise einzuschwören und sie dafür zu gewinnen, ihren Geldbeutel zu füllen. Und sie benutzen das Wort Gottes, um sich die Menschen, die sie erreichen, gefügig zu machen.

Einer dieser Evangelisten, der in einem Haus lebt, das mindestens eine halbe Million Dollar wert ist, prahlt ungeniert im Fernsehen damit, daß er jährlich hunderfünfzig Millionen kassiert, und die Leute geben ihm unaufhörlich weiter. Der aufrichtige Mensch und Lehrer, der hingeht, um die Wahrheit zu verbreiten, kann sie manchmal nicht einmal verschenken, weil er ehrlich ist.

Diese Welt wird von der Kalkraft regiert oder von dem, der als der Teufel bekannt ist und sich unter Gottes leitender Hand befindet. Die Uralten Lehren der Meister benutzen nicht die negative Kraft, die astralen Kräfte, die sich emotional auf den Menschen auswirken; es ist nicht wesentlich. Es ist sehr schwierig, die Botschaft weiterzugeben; so wenige verstehen sie. Die Leute wollen emotional angesprochen werden.

Eins steht fest, die Lehrer des ATOM (Ancient Teachings Of the Masters), der Uralten Lehren der Meister, benutzen seit Anbeginn der Zeit niemals die niederen astralen oder mentalen Kräfte. Sie spielen keine Spiele mit denen, die bei ihnen lernen.

Ich habe festgestellt, daß für den Neophyten, den Schüler auf diesem Pfad, der viele andere Werke studiert hat, eine der härtesten Aufgaben, eines der härtesten Dinge, mit denen er als Individuum fertig werden muß, die eigene Kleinheit ist; es auszuhalten, die eigene Kleinheit, Unwissenheit und Eitelkeit zu erkennen. Es ist eine ungeheure Hürde, sich im menschlichen Bewußtseinszustand selbst herunterzusetzen. Dennoch ist es eine der ganz bedeutsamen Errungenschaften, denn sie führt direkt zum Licht und zum göttlichen Leben, dem man in Spirit begegnet. Denn dieser Mensch öffnet sich dann für eine großartigere Lehre als ich sie in Worte fassen kann und lernt dadurch, daß es nicht erforderlich ist, das Wissen und die Bildung eines

● **Eins steht fest, die Lehrer des ATOM (Ancient Teachings Of the Masters), der Uralten Lehren der Meister, benutzen seit Anbeginn der Zeit niemals die niederen astralen oder mentalen Kräfte. Sie spielen keine Spiele mit denen, die bei ihnen lernen.**

überragenden Geistes zu haben, um diese Lehren zu ver
stehen und zu schätzen.

Dem natürlichen, unverbildeten und einfachen Mensche
fällt es viel leichter, während der Kontemplation den Schri
ins Vertrauen zu vollziehen. Ein Blick auf die Menschen d
Dritten Welt, im Fernen Osten, die man gelehrt hat, in de
inneren Tempel zu gehen, zeigt, daß sie viel leichter Ehrfurcht empfinden.

Wer sich der Seele auf dem direkten Weg nähert, merk
daß man nur ein gewisses Maß durch Schrifttum und auf-
gezeichnete Vorträge aufnehmen kann. Die Mehrzahl der
Leute will sich führen lassen. Sie wollen bei der Hand genommen werden; sie wollen jemand anderen die Arbeit fü
sich tun lassen, das aber ist unmöglich. Das einzige, was
der Meister tun kann, wenn er darum gebeten wird, in das
spirituelle Leben von jemandem einzugreifen, ist, ihn in die
richtige Richtung zu schicken; und das ist nur als Anstoß
im Inneren zu spüren. Das übrige liegt bei Dir, nämlich unter Einsatz von gesundem Menschenverstand zu tun, was
zu Deinem Leben und Deiner Familie paßt. Deshalb ist es
wichtig, Dein Intuitionsvermögen zu entwickeln, sei es
Mann oder Frau; schärfe Deine Intuition, schleife sie wie

ein edles Juwel, ohne dabei übersensibel zu werden für alles, was um Dich herum vorgeht und ohne Gefühle zu mißdeuten.

Es ist Wissen, nicht Gefühl, worüber wir sprechen, und darüber, dem Wissen entsprechend für die eigenen Belange zu handeln, nicht für die der anderen, nur für die eigenen. Es ist merkwürdig, daß es Leute gibt, die ein Dutzend verschiedener Lehren und Philosophien erkunden und sie studieren, und dennoch bleiben sie auf der Suche; und die Oberhand über den persönlichen Stolz zu gewinnen ist dann unendlich viel härter, weil Demut dem Ungebildeten und Unwissenden leichter fällt. Er ist sich seiner verstandesmäßigen und sozialen Unterlegenheit bewußt, gemessen an dem, wie es der intellektuelle Mensch sieht.

Der Initiierte entwickelt eine Demut, die auf jeder Stufe dieses uralten, geheimen Pfades zu Gott wesentlich ist. Auf meinen Reisen habe ich festgestellt, daß ein Teil der Dritten Welt, den ich kennengelernt habe, und Gebiete, die noch um einiges rückständiger sind, nicht den Anschluß an das gefunden haben, was der Mensch die moderne Welt oder gar das moderne Zeitalter nennt. Aber das Leben dort ist einfacher. Die elementaren Geheimnisse des

Lebens sind so einfach, daß nur sehr wenige Menschen sie erkennen.

● **Manche Menschen sagen, der Schatz sei in Deinem Herzen; das ist jedoch nicht wahr. Das Juwel ist die Seele, das wirkliche Du... Werde wie ein Kind.**

Manche Menschen sagen, der Schatz sei in Deinem Herzen; das ist jedoch nicht wahr. Das Juwel ist die Seele, das wirkliche Du... Werde wie ein Kind. Laß während dieses Bewußtseinszustandes der Ehrfurcht das egoistische Denken fallen. Lerne während dieser Zeitspanne der Kontemplation, wie Du alle Körper, einschließlich des Verstandes ablegen kannst. Dann ist das theologische Wissen nicht erforderlich, um die einfachen Wahrheiten vom Spirit des Sugmad, der Stimme Gottes, des Logos, zu verstehen.

Eines der Dinge, die der Mensch übersieht, ist auch seine Ungeduld. Denn Geduld ist wichtig. Man muß demütig warten, nachdem man eine Bitte ausgesprochen hat, und loslassen, worum man gebeten hat bzw. worum man den Meister oder Spirit gebeten hat. Wer auch nur ein Fünkchen Ungeduld in der Zeitspanne der Kontemplation, wenn er gerade in Ruhe ist, aufkommen läßt, hält nur seinen Fortschritt auf.

Tief im Innern eines jeden von uns liegt eine Quelle spirituellen Friedens, die nicht erschlossen ist, eine Quelle nberührter spiritueller Intelligenz. Von Zeit zu Zeit nehmen wir individuell ein Flüstern wahr - einen Schubs, ein Drängen - das uns zureden will, die spirituellen Übungen der Selbstkontrolle zu praktizieren, damit wir den großartigen Pfad begehen und über Selbstlosigkeit hinausgelangen.

Man muß der inneren Stimme des Lehrers zuhören. Solltest Du allerdings unsicher sein, ob es auch wirklich die göttliche Seele ist, die Dich weist, dann überprüfe es. Es gibt Augenblicke, wo etwas von großer Bedeutung mitgeteilt wird, etwas, das geheim bleiben muß. Denn während dieser flüchtigen Einblicke in die Zeit erfahren wir, was wir werden könnten, wenn nur die Augenblicke sich ausdehnen ließen, wo diese spirituelle Wahrnehmung auf dem inneren Bildschirm aufblitzt. Sie ist jedoch so flüchtig. Manchmal ist es nur der Bruchteil von ein, zwei Sekunden, und es scheint, als sei es eine Stunde oder mehr gewesen.

Wir hätten gern ewige Glückseligkeit für uns, aber wenn dann gelegentlich während der Kontemplation etwas dergleichen im inneren Tempel, in geheimnisvollen Tiefen der Seele spürbar wird, wissen wir kaum, was es ist. Aber was es besagt, können wir wissen, und vielleicht wissen wir es auch. Es ist eins mit uns, und doch ist es von uns getrennt.

Das Erwachen der Intuition kann bei denen, die die Kontemplationstechnik des leichten Weges üben, innerhalb eines Augenblicks geschehen, und vielleicht tritt es erst nach einigen Wochen oder mehreren Monaten täglichen Übens ein. Bei anderen mag es Jahre dauern. Sei geduldig, bleibe dabei, und lerne, wie Du eingeweiht werden kannst wie die Adepten; denn es liegt bei Dir, die Geheimnisse der Seele und die Geheimnisse Gottes zu entfalten und zu meistern.

Ich bin von Eurer Liebe abhängig, weil sie mir Hilfe gibt und mich durch das Labyrinth der täglichen Kleinarbeit trägt, so daß mein Bewußtsein frei wird für Gott.

25

Göttliche Liebe ist notwendig

• Ein Meister richtet selten Glauben, Vertrauen oder Liebe auf einen Menschen, der vollständig in den negativen Strom eingetaucht ist.

• Es ist überaus töricht, wenn jemand sagt, der Meister werde für ihn sorgen... ich habe für solches Gerede nur taube Ohren.

• Wer glaubt, er könne nur auf sich selbst bezogen leben, allein nur in der Glückseligkeit Gottes existieren, kann das nicht lange durchhalten. Andernfalls werden sein Verstand und sein Körper aus dem Gleichgewicht geraten.

Die meisten verstehen nicht, daß ein Meister seine menschliche Gestalt im allgemeinen nicht nach Wunsch auflösen kann, um die Erde zu verlassen. Warum nicht? Wegen der spirituellen Pflichten, die er erfüllen muß, und außerdem wegen der Zugkraft, die die Wünsche und Gebete derjenigen ausüben, die ihm folgen und dabei ihre eigenen Interessen im Sinn haben. Da es so ist, muß jeder Meister hierbleiben, bis seine Pflicht erfüllt und seine menschliche Lebenszeit beendet ist. Das ist der Grund, warum ich Deine Liebe, wie auch die des Schülers in einer göttlich universalen Weise brauche. Der Meister wurde wegen einer spirituellen Aufgabe von der spirituellen Hierarchie zur Erde gesandt, und damit er jene auswählen kann, von denen er möchte, daß sie ihm bei seiner wichtigen und wertvollen Aufgabe helfen. Dabei sucht er auch diejenigen aus, die fähig sind, große Liebe zu geben!

Jeder Mensch ist wie die Sonne; er strahlt ätherische Ströme der Liebe aus. Die Ströme der Liebe einer Gruppe von Anhängern, die individuell und reichlich ausgestrahlt werden, ergeben einen starken Strom, der eine zweifache Wirkung hat. Zum einen gibt er dem Meister die Möglichkeit, diesen Strom zu benutzen, um seine Arbeit in dieser Welt zu tun, durch Göttliche Liebe und mit dem Vorzug

ines breiten Kanals der Liebe. Je größer die Zahl der An-
änger, umso bedeutender wird die Arbeit des Meisters.

aher sagte Rebazar Tarzs zu Paul, daß er auf der gan-
en Welt und für das heutige Leben etwa eine Million
ıitiierte oder mehr benötigen würde. Ein großer, breiter
anal ist notwendig für die Arbeit, die er hier auf Erden
errlohton muß.

Der Spiritual Traveler überschüttet seine Schüler mit
iebe; sie wird ihm zurückgegeben, und so schließt sich
er Kreis. Während er in dieser Weise seiner Arbeit in
ieser Welt nachgeht, wird er oft von Kal oder den negati-
en Kräften bekämpft. Und wenn seine Arbeit (was oft ge-
chieht) so anstrengend wird, daß er keine Gelegenheit
ür stille Zeiten mit Gott findet, dann kann er einseitig wer-
ien und an spirituellem Boden verlieren, wie es Moses
rging.

Die Liebe der Anhänger baut eine starke Aura für ihn
uf, und oft kann er auf diese Liebe zurückgreifen, damit
ie ihm helfe; denn in Wirklichkeit handelt es sich darum,
uf die Liebe Gottes, des Sugmad zurückzugreifen. Ich
in von Eurer Liebe abhängig, weil sie mir Hilfe gibt und
nich durch das Labyrinth der täglichen Kleinarbeit trägt,

so daß mein Bewußtsein frei wird für Gott. Denkt über diese letzten Worte nach! "...so daß mein Bewußtsein frei wird für Gott." Wie Rebazar Tarzs es ausdrückte: "Ich kann jederzeit zu Gott aufsteigen, wenn ich es möchte, aber wenn meine Schüler nicht eine reine, beständige Liebe für mich empfinden, während ich in diesem Körper meiner spirituellen Arbeit nachgehe, dann ist meine Aufgabe eher eine Strapaze für mich!" Daß das wahr ist, habe ich auch an mir selbst erfahren.

Denkt daran, die Liebe der Anhänger baut eine starke Aura für den Meister und auch für sie selbst auf. Das trifft ebenso zu auf jede Kirche oder spirituelle Organisation, die immer eine Aura dieser Art für sich selbst aufbaut und über eine eigentümliche Kraft verfügt, jedwede äußeren Einflüsse zu unterbinden bzw. fernzuhalten. Innerhalb dieser Aura arbeitet der Meister leicht und ohne Schwierigkeiten, aber wenn es unter den Anhängern Streit und Uneinigkeit gibt, sieht er bald, daß er sich in sich selbst zurückziehen muß und sich im wesentlichen nur auf einige wenige stützen darf, um seine Bestimmung in dieser Welt zu erfüllen. Einige Meister, die zur Erde kamen, um zu lehren, haben genau das getan.

Jesus hatte zu viel Vertrauen. Seine Anhänger gaben ihm nicht die große Liebe, die seiner spirituellen Größe zukam. Als Folge davon nahmen seine spirituellen Bemühungen allmählich ab, und er wurde das Opfer seiner eigenen Fehler, so wie im Gleichnis von den Talenten dargelegt. Ich werde nicht zulassen, daß so etwas während meiner Zeit und meiner Mission geschieht. Ja - auch ich habe zu viel vertraut, jedem einzelnen im Büro und im Außenbereich, denn das entspricht dem spirituellen Gesetz. Damit soll hier gesagt werden, daß man dem Meister nicht in den Rücken fällt, denn man tut dadurch nur sich selbst etwas an!

Denke daran, daß die spirituelle Welt zwei Stromläufe hat, den spirituellen und den negativen. In diesen Stromläufen fließen kleinere Strömungen, aber der Kürze wegen werden wir nur die beiden in Betracht ziehen. *Ein Meister richtet selten Glauben, Vertrauen oder Liebe auf einen Menschen, der vollständig in den negativen Strom eingetaucht ist.* Er wird keine Zeit damit vergeuden, außer jene Seele ist wirklich hochentfaltet und hat sich darin verirrt. Nur dann, vielleicht. Oder wenn er durch die spirituelle Hierarchie darauf hingewiesen wird, dieser Seele zu

- **Ein Meister richtet selten Glauben, Vertrauen oder Liebe auf einen Menschen, der vollständig in den negativen Strom eingetaucht ist.**

helfen. Es erfordert seine Kraft und spirituelle Initiative, sich darum zu bemühen, und möglicherweise könnte eine zu starke Verbindung mit solch einer Seele ihn aus dem Gleichgewicht bringen.

Einige glauben, sie könnten auf diesem Erdenplaneten leben, ohne Liebe zu geben und ohne menschliche Liebe zu erhalten. Damit befinden sie sich aber im Irrtum. Weder ein Lehrer noch eine andere hochentfaltete Seele kann das. Gleichzeitig jedoch mußt Du äußerst achtsam sein, wem Du Deine Liebe gibst. Ich sage das von ganzem Herzen, mit meinem Verstand und aus tiefster Seele, daß Du nicht allen Liebe geben kannst!

Wer sich in irgendeiner Beziehung grobe Fehler mit seinen Anhängern leistet, wird seine Getreuen bald verlieren und am Ende von unwissenden, engstirnigen Leuten umgeben sein, die seine Arbeit zunichte machen und ihn durch ihre Fehler zermürben. Bleibe gleichmütig, und gib diesen Leuten keine Liebe. Sie würden Dich auf ihr negatives Niveau herunterziehen. Öffne ihnen nicht Deine psychischen Kanäle; sonst werden sich ihre negativen Kräfte wie Fangarme nach Dir ausstrecken und sich an Deinem ätherischen Körper festsetzen.

Es ist dermaßen mühsam, jemandem die eigentlichen feineren Merkmale des spirituellen Körpers des Menschen verständlich zu machen, seine Bedürfnisse, Leistungen und Funktionen.

Es ist so einfach und wirklich so überaus töricht, wenn jemand sagt, der Meister werde für ihn sorgen. Ich habe das in der Vergangenheit gehört und von etlichen in der Gegenwart. Ich habe für solches Gerede nur taube Ohren. Paul Twitchell und Rebazar Tarzs fanden dafür folgende Worte: "Es ist die Art eines faulen Menschen so etwas zu sagen". Und oft wird von einem faulen Schüler zitiert, Gott werde für ihn sorgen, und er wird Dir viele Beispiele dazu nennen; doch sie haben nichts zu bedeuten.

● **Es ist so töricht, wenn jemand sagt, der Meister werde für ihn sorgen... Ich habe für solches Gerede nur taube Ohren.**

Sag mir, wie soll Gott für jemanden sorgen, der zu faul ist, zu kontemplieren oder zu beten, zu beschäftigt, auch nur eins von beidem zu tun? Es leuchtet ein, daß der Meister, wenn er während seines täglichen Lebens wegen der Anforderungen durch seine spirituellen Pflichten keine Zeit zur Kontemplation findet, aus der Gnade Gottes fallen könnte. Aber wenn er die Liebe der Anhänger hat, kann er sich auf jenen Höhen Gottes halten, von denen aus er arbeiten muß, um seine Aufgabe zu erfüllen, und er könnte unbegrenzt ohne tägliche Kontemplation weitermachen. Aber die Liebe der Anhänger muß universal sein und ohne selbstsüchtigen Grund. Sonst kann der Meister nicht frei und mit spirituellem Erfolg arbeiten. Das ist einer der Gründe, warum eine Initiierte aus Südkalifornien einen Brief an den Meister einer Gesellschaft schrieb, in dem zu lesen stand: "Bringen Sie die Höherinitiierten auf Ihre Seite, und der Rest wird folgen." Es handelte sich um Menschen, über die sie schrieb und nicht um Schafe! Die meisten der spirituell fortgeschrittenen Seelen wissen nicht, daß sie in ihrer Entfaltung eine hohe Stufe erreicht haben. Wirklich nur wenig entfaltet sind jene, die um ihre Seele so besorgt sind und so viel Aufhebens machen von ihren Fortschritten. Sie geben nur etwas vor.

Ich brauche Dich und Deine Liebe, so wie Du mich und meine Liebe brauchst. Das auszusprechen ist nicht ungewöhnlich, denn alle Spiritual Traveler brauchen solche Menschen wie Du es bist, während sie auf Erden sind. Das ist eine Notwendigkeit, denn die Meister des Uralten Ordens müssen die Liebe des Menschen für ihre Existenz in Anspruch nehmen. Manche haben die Vorstellung, ein Spiritual Traveler brauche von Menschen keine Liebe, könne allein aus der Glückseligkeit Gottes existieren.

Wer glaubt, er könne nur auf sich selbst bezogen leben,
allein nur in der Glückseligkeit Gottes existieren, kann das
nicht lange durchhalten. Andernfalls werden sein Verstand
und sein Körper aus dem Gleichgewicht geraten!

Während der Körper seine Pflicht auf Erden erfüllt, ob wir nun ein Meister oder ein einfacher Arbeiter sind, müssen wir die spirituellen Kräfte zwischen uns und allen anderen Dingen in der Balance halten - sei es ein Baum, ein Haus, ein Hund oder ein menschliches Wesen! Du könntest fragen, was hat das damit zu tun, als Spiritual Traveler sich selbst genug zu sein? Daß er im kosmischen Bewußtsein verweilen kann, wann immer er es wünscht?

Oder ist das ein menschlicher Glaube, der sich auf trügerische Kenntnisse gründet? Es trifft zu in dem Maße, daß der Spiritual Traveler, solange er in menschlicher Gestalt lebt, sich strikt an die Gesetze der irdischen Ebene halten muß. Denke an das Sprichwort: "Niemand ist eine Insel für sich." Während ich mich hier in menschlicher Gestalt aufhalte, muß ich nach den Gesetzen der Natur handeln.

Wird nicht alles von der weiblichen Art geboren? Du kannst sicher sein, daß es so ist. Was kaum jemand weiß oder erkennt, ist, daß jeder Mensch jenseits der Gesetze

● **Wer glaubt, er könne nur auf sich selbst bezogen leben, allein nur in der Glückseligkeit Gottes existieren, kann das nicht lange durchhalten. Andernfalls werden sein Verstand und sein Körper aus dem Gleichgewicht geraten!**

der irdischen Ebene leben kann, aber er braucht dazu die Hilfe seiner Mitmenschen! Das, was in Menlo Park am 7.August 1983 geschah, war nicht LIEBEVOLL, WAHR oder NOTWENDIG für die Mitglieder, geschweige denn für die Welt. Es war deutlich das Werk des Kal. Eine positive Sache, die ich in all dem gesehen habe, ist, daß die in Gott Erstarkten auf festem Boden standen und auf niemanden hörten als auf ihr innerstes Selbst.

Die Seele selbst befindet sich hinter dem Herzzentrum.
Der Mensch versteht das nicht. Daher hat er große
Schwierigkeiten, wenn er dieses Organ ersetzen will...

● Kann denn das verborgene Selbst, das wir
Seele nennen, bewiesen werden? Ja!

● Es ist nicht notwendig, eine außerkörperliche Erfahrung zu haben; sie kann sich im Traumzustand oder während Deiner spirituellen Übung,
die ich kontemplative Übung nenne, einstellen.

● Begreife, daß das, was man im spirituellen
Bereich erlangen möchte, verdient werden muß.

In unserer Zeit hat eine interessante weltweite Veränderung stattgefunden und zwar nicht nur in der westlichen Gedankenwelt. Es hat früher Gruppen aller Art gegeben, Kulte und religiöse Orden, mit denen wir heute die Fähigkeiten der Seele diskutieren könnten, während noch vor wenigen Jahren nur die Mystiker und einige wenige Leute in der Lage waren, offen miteinander über Dinge zu sprechen, die jenseits dieser Welt liegen, wie etwa die verschiedenen Ebenen des Himmels, obwohl sie in allen heiligen Schriften beschrieben sind. Wenn man vor zehn oder mehr Jahren über diese Dinge sprechen wollte, dann dachten die Leute, man sei psychisch leicht gestört und sei "überspannt".

Ich schreibe diesen Wandel der Bewußtseinsveränderung zu, die 1965 stattfand, der Übergabe der Mahantaschaft von Rebazar Tarzs - oder wer auch immer sie innehatte - an Paul Twitchell. Das Mahantabewußtsein ist ein unsichtbarer Zustand, und es wird sich zweihundert, fünfhundert, möglicherweise tausend Jahre lang hier aufhalten. Es kommt nicht darauf an; denn es ist ein unsichtbarer Zustand der Bewußtheit. Er beruht nicht auf einer Person.

Für die Menschheit ist es ein überaus bedeutsamer Schritt, die Existenz des wahren Selbst zu bejahen oder abzulehnen und in der Lage zu sein, frei darüber zu sprechen, ob nun auf persönliche Art von Mensch zu Mensch oder vor einem größeren Publikum und die Struktur zu diskutieren, unsere eigene Atomstruktur oder sogar die Quelle unseres Seins. Es ist nicht nur ein bedeutsamer Schritt voran, sondern es weist auf eine zunehmende Empfänglichkeit für die Wahrnehmungsfähigkeit der Seele hin, dem Teil Gottes, der im Innern eines jeden lebenden menschlichen Wesens liegt, eines jeden Tieres, Baumes, einer jeden Blume, wie auch der Bienen.

Nachdem ich verschiedene Literatur gelesen habe, die sich mit der Seele befaßt, habe ich festgestellt, daß die Psychologen, Philosophen und Theologen sich in zwei Gruppen einteilen lassen: Die eine erkennt die Gegenwart eines steuernden, integrierenden Selbst im Körper des Menschen oder eines anderen Lebewesens an, während die andere denkt und glaubt, die Existenz sei nur mechanischer Natur.

Die Seele selbst befindet sich hinter dem Herzzentrum. Der Mensch versteht das nicht. Daher hat er große

Schwierigkeiten, wenn er dieses Organ ersetzen, jemandes Herz entfernen will, das ja eine mechanische Funktion erfüllt, und es ersetzen will, indem er es in einen anderen Körper verpflanzt. Sicher, es arbeitet eine Weile; aber bedenke, daß der Sitz der Seele sich hinter dem Herzen befindet, nicht ein Teil des Herzens ist. Doch es wird nicht lange vorhalten, daß das neue Organ rein mechanisch das schwache Herz wird ersetzen können.

Der beste Weg ist, darauf zu achten, was wir in unseren Körper hineingeben. Nicht jeder begreift das oder kann einsehen, daß er fasten muß. Du mußt gelegentlich das Blut, wie auch die Organe und die Venen, mit Hilfe eines Dampfdestillators für Wasserfasten reinigen, und auch mit anderen, dem Menschen bekannten Methoden. Denn die Seele existiert wirklich und ist subtil, und es gibt ein spirituelles Bewußtsein, das in den letzten fünfzehn Jahren wacher geworden ist als in jedem anderen vergleichbaren Zeitraum menschlicher Geschichte auf Erden.

● **Kann denn das verborgene Selbst, das wir Seele nennen, bewiesen werden? Ja!**

Zweifellos kann die Frage aufkommen: Nun gut, *kann denn das verborgene Selbst, das wir Seele nennen, bewiesen werden?* Kann man Leute heranführen, mit ihr nzugehen, so daß sie selbst sie individuell verstehen

nnen? Ja, man kann!

Es gibt eine Anzahl spiritueller Übungen, die Paul
witchell beschrieben hat; außerdem gibt es eine, die ich
der ganzen Welt allgemein gelehrt habe und weiterhin
hren werde, so lange mein Körper hier auf der Erde exi-
iert. Dieses verborgene Selbst kann man beweisen, und
an kann mit der Seele vertraut werden. Das geschieht
arch die geheimen Lehren der Uralten Meister, und man
ird mit der Atomstruktur des eigenen Selbst vertraut an
nem heiligen Ort, den man den Tempel im Innern nennt.

Das ist aber nur der Ausgangspunkt, wo man sich selbst
ntdecken kann, ist nur der erste Schritt zur Meisterschaft
arch eigenes Gesetz, zur Meisterschaft über die eigene
Welt und das eigene Universum. Die Zeitlosigkeit der Ori-
nalschriften von Paul Twitchell, wie auch meiner eigenen
eiträge und die dieser Aufgabe und dieses Ideals, ist
ealität. Sie drückt die Schönheit und die Klarheit aus, zu
er man sich selbst öffnet - den Göttlichen Spirit - man
ird ein stärkerer Träger für ES (gemeint ist Gott), so daß
S durch einen fließen kann.

Die spirituellen Wahrheiten, die zu allen Zeiten in den verschiedenen Schriften verborgen waren, verborgen auf eine Weise, die gewissen Priestern oder Geistlichen bekannt war, kamen nicht alle zutage. Die Wahrheit an der Sache ist, daß sich nicht alles schriftlich niederlegen läßt. Daher waren die Uralten Lehren der Meister immer ein individueller Pfad und werden es immer sein, ohne jeglichen östlichen oder westlichen Symbolismus; sie reichen über psychische und mystische Erfahrungen hinaus. Einige werden außerkörperliche Erfahrungen haben, andere vielleicht nicht. *Es ist nicht erforderlich, eine außerkörperliche Erfahrung zu haben; sie kann sich im Traumzustand oder während Deiner spirituellen Übung, die ich kontemplative Übung nenne, einstellen.*

Verschiedene Autoren haben gesagt, daß der Mensch heute am Tor zur Realität stünde, daß er lerne, die Welt des spirituellen Seins zu erkennen und sich danach zu sehnen. Ja, bis zu einem gewissen Grade ist das wahr. Die Religion jedoch, die sich in unserer heutigen Welt am schnellsten ausbreitet, ist der Islam, und auch das Christentum drängt nach stärkerer Beherrschung der Massen. Andererseits bemühen sich die Kommunisten, die Zügel in dieser Welt zu übernehmen. Und all die anderen Christen,

● **Es ist nicht erforderlich, eine außerkörperliche Erfahrung zu haben; sie kann sich im Traumzustand oder während Deiner spirituellen Übung, die ich kontemplative Übung nenne, einstellen.**

242

aus dem Osten und von verschiedenen Sekten und Kulten versuchen, die Denkweise des Menschen zu prägen. Anstatt den einzelnen zu fördern, selbständig zu denken, ziehen sie in Kriege und Schlachten, um eben mal Streit zu schlichten oder bemühen sich, der Welt zu zeigen, daß ihr Weg der höhere sei und um so viel überlegener, daß wir ihren Wog annehmen oder in den Fängen des Teufels verloren gehen müßten.

Auf dem Gebiet der Technologien sind wir so weit vorangekommen, aber mit unserem Verständnis für das spirituelle Reich haben wir weltweit kaum die Oberfläche geritzt. Nicht jeder wird die Uralten Lehren der Meister annehmen können, über die Paul Twitchell schrieb, und deren Darstellung ich fortgesetzt habe, denn das Verständnis der Welt der Moslems ist grundverschieden von dem der christlichen Welt. Dann gibt es die Hindus und noch viele andere Schulen des Geistes.

Was die meisten gern übersehen, besonders Leute, die versuchen, das Denken der Massen zu verändern und sie zu beherrschen, ist die Einzigartigkeit, daß keine zwei Menschen eine Sache auf gleiche Weise verstehen, ungeachtet des Themas. Wir haben alle gehört, daß das König-

243

reich Gottes im Innern ist. Es ist wahr, das ist die Botschaft aller Zeiten, und es gibt Tausende, die etwas suchen, das in ihnen verborgen liegt. Sie ritzen jedoch nur die Oberfläche. Sie müssen an den Ort gelangen, der als Samadhi bekannt ist, das einen über das Königreich des Himmels hinausträgt. Samadhi ist ein Bewußtseinszustand, auch als Selbstrealisation bekannt, und dieser Zustand führt zu Losgelöstheit.

Denn die ersten Schritte und Stufen, die sie im inneren Tempel erreichen, bewirken, daß ihr Leben spirituell und physisch in Ordnung kommt, und sie erreichen eine andere Ebene der Inspiration - sozusagen die Quelle aller Inspiration, und sie werden durch Kreativität größere Mittler. Sie lernen, wie man über den Intellekt hinausgeht und entwickeln innerlich Intuition, um die Subtilität des Spirit zu erfassen und erleuchtet zu werden, ohne sich aufzuspielen. Denn die Belohnung, mit der das Individuum beschenkt wird, läßt sich nicht wirklich in Worte fassen, weil er oder sie in der Seele ein Leuchten entwickelt, das ausstrahlt und ständig das Verständnis des einzelnen verändert, während er auf dem geheimen Weg im eigenen Innern weitergeht.

Wer diesen großen Lehrern folgt, die die Menschheit seit Jahrhunderten geführt haben, wird ihnen am geheimen Ort im Inneren begegnen. *Begreife, daß das, was man im spirituellen Bereich erlangen möchte, verdient werden muß.* Du kannst es nicht kaufen; man kann seine Besitztümer, über die man in diesem Leben verfügt, nicht aufgeben und meinen, Gott oder der Lehrer werde für diese Dinge sorgen. Das ist verkehrtes Denken; denn es spielt keine Rolle, ob Du reich bist oder wieviel Besitz auf dieser Welt Du Dein eigen nennst.

● **Begreife, daß das, was man im spirituellen Bereich erlangen möchte, verdient werden muß.**

Wer Mittler und Kanal für Gott wird, muß bedenken, daß er nicht hier ist, um die Welt zu retten, sondern nur, um ein Licht für die Nichtinitiierten zu sein, die begreifen werden, daß die Rettung der Welt niemals Gottes Weg zur Erlösung des Menschen war, und auch zu keiner Zeit in seiner Absicht lag. Das ist etwas, das der Mensch sich selbst ausgedacht hat - wie etwa Leute, die fortwährend predigen und andere Wege lehren, um die Menschen ihrer Zeit zu beherrschen, und daran hat sich bis heute nichts geändert.

Was macht alle, die wissen, gesehen und gehört haben und auch diejenigen, die verstehen, so anziehend? Sie

245

nehmen die Botschaft und ihre Lehre nicht nur freudig auf sondern sie sind auch ihr Träger. Sie pflanzen die Saat ein wohin sie auch gehen, mit wem sie auch sprechen mögen und sie inspirieren andere - machen ihnen ein Buch oder einen Vortrag zugänglich. Denn ist die Flamme in einem Menschen einmal entzündet, dann ist er inspiriert zu handeln, ist wirklichkeitsnah, gebraucht in spiritueller Hinsicht seinen gesunden Menschenverstand und widmet sich diesem Dienst an Gott, ohne aber auf seine Lieben oder seinen materiellen Wohlstand zu verzichten. Er tut diese Dinge mit einem Lächeln; denn die überwältigende Liebe, die den Tempel dieses Menschen erfüllt, läßt sich nicht dort einschließen. Sie muß verschenkt werden, so daß Größeres und Neues umso mehr nachfließen und der Becher neu gefüllt werden kann.

Ein solcher Mittler ließ einfach irgendwo ein Buch liegen das dort von niemandem beachtet stundenlang gelegen haben mochte. Es wartete nur auf eine Seele, die durch Führung des Spirit für die Gelegenheit vorbereitet war, in ihrer Seele zu erwachen, wie im folgenden Brief kürzlich berichtet:

"Ich geriet an Ihr Buch "Erweckte Imagination" auf äußerst merkwürdige Weise. Ich ging im Südosten von Portland kurz in Denny's Restaurant, um Kaffee zu trinken und eine Zeitung zu lesen. Als ich stehenblieb, um mir die Zeitung zu kaufen, lag Ihr Buch oben auf dem Zeitungsständer. Ich habe Ihre Schriften seitdem immer sehr einleuchtend gefunden. Sie stimmen mit den Auffassungen und Empfindungen überein, die mich schon seit längerem bewegen, obwohl meine Überzeugungen und Empfindungen sich zeitweilig in einem undurchdringlichen Nebel verborgen hatten. Ich danke Ihnen, daß ich innere Ruhe gefunden habe, den Seelenfrieden, den Gott schenkt. Ich möchte gern noch ein Exemplar Ihres Buches für einen Freund kaufen. Ich danke Ihnen noch einmal für Ihr wunderbares Buch!"